旨い！家カレー

うち

カレー粉・スパイスではじめる

小宮山雄飛

Begin Cookin

みなさんこんにちは、小宮山雄飛です。

僕は小さい頃から食べることが大好きだったのですが、なかでもカレーの魅力にすっかりハマって、今では週の半分は都内のカレー屋さんを食べ歩き、ツアーで地方に行った際には1日に5軒のカレー屋さんを回るなんてこともあるくらい。

さらに自宅でも週末は必ずスパイスを使って一からオリジナルカレーをつくる日々。

とはいえ、料理研究家でも、もちろんプロの料理人でもない、ミュージシャンの僕が、今回このようにカレーのレシピ本を出すことになったのには、理由があります。それは、テレビ番組への出演でした。

いくつかの番組でオリジナルのカレーレシピを紹介しているうちに、番組を観た知り合い・友人から「番組のレシピどおりにつくってみたらおいしかったよ！」なんて言われるようになり、さらには一般の視聴者の方からも「番組を観て初めて自分でカレーづくりに挑戦しました！」などのうれしい反響をもらえるようになりました。

なかには「番組を観て、20年以上台所に立っていなかった主人が家族のためにカレーをつくってくれました。ありがとうございます」なんていう、こちらが感動してしまうようなお手紙まで頂きました。

そうか、僕は料理のプロではないけれど、料理することの〈楽しさ〉だったら伝えることはできるんだ。

そう思ったのが、この本をつくることになったきっかけです。

思えば、僕にとっては本業の音楽だって同じです。

僕がミュージシャンとして一番大事にしてきたことは、歌や楽器の技術ではなく、音楽を聴くこと・音楽をプレイすること・音楽をみんなで共有することの〈楽しさ〉を伝えることでした。

ということで今回はカレーです！

この本をみなさんが読んでくれて、そして実際にカレーをつくってみて、純粋に「楽しい！」と思ってくれたら、そこでやっとこの本のレシピが完成するんです。

さあいっしょに、おいしいカレーをつくりましょう。

小宮山雄飛

g with Curry!

Begin Cooking with Curry! 2

Chapter.1
まずはこれをマスター！
基本のカレーをつくろう 6

レシピの骨組みを知って自由にアレンジを楽しもう！ 8
カレーづくりの道具 10
シンプル基本のチキンカレー 12

Column 1「カレーとの出会い」 20

Chapter.2
簡単、手軽に！カレー粉でつくる 22

☞魔法のひとさじ！　カレー粉を知る 24
定番ビーフカレー 26
なすのつゆだくキーマカレー 28
ベーコンエッグキャベツカレー 30
サグチキンカレー 32
あっさりチキンスープカレー 34
ビーフトマトカレー 36
中華風咖喱 38
カレー味豚キムチ丼 40
和風カレー丼 42
シンプルキーマカレー 44
ポークジンジャーカレー 46

Column 2「スパイスにハマり、カレー粉と出会う」 48

キャベツとコンビーフのカレー 50
朝の納豆キーマカレー 52
カレーチャーハン 54
炒めるカレースパゲッティ 56
カレーホットサンド 58
超簡単オニオンスープカレー 60

Column 3「チマヨ〜唐辛子の旅」 62

Contents

Chapter.3
香り、旨さにうなる、本格派！
スパイスでつくる 64

☞ **神秘の香り！スパイスを知る** 66
バターチキンカレー 68
ポークビンダル 70
贅沢シーフードカレー 72
激辛！えびカレー 74
カルダモン薫るキーマカレー 76

Column 4「レシピを疑え」 78

男のドライカレー 80
本格チキンカレー 82
かぼちゃのカレー 84

Column 5「フランス〜ル・クルーゼへの旅」 86

ミックスベジタブルカレー 88
じゃがいもとグリンピースのカレー炒め 90
オクラのカレー 92
白身魚のカレーフライ 94

Column 6「料理が先か、食器が先か!?」 96

シンプル副菜＆合わせ調味料
キャベツのアチャール 98
大根のカチュンバル 99
もやしとオクラのクミン炒め 101
ミックスライタ 102
ハリッサ 102
玉ねぎのアチャール 99
じゃがいものサブジ 100
昆布茶を使った簡単浅漬け 101
グリーンチャツネ 102

Special Curry Talk
小宮山雄飛×渡辺 玲 104

知っておきたいスパイス・ハーブ 108

カレーの正体 〜後書きにかえて〜 110

本書の決まり
・しょうがは1片は皮つきで親指の先大、にんにく1片は房の1片が目安です。
・単位は1カップ=200㎖、1合=180㎖、大さじ1=15㎖、小さじ1=5㎖です。
・バターは食塩使用、食塩不使用のどちらでも構いませんが、選ぶバターにより、好みで塩の加減を調整してください。
・コンソメキューブ1個は、コンソメパウダーの場合小さじ2の分量にしてください。
・スパイスはホールスパイスとパウダースパイスに分けて表記しています。

Chapter. 1

Let's Make Basic Curry!

まずは、ベーシックなチキンカレーに挑戦してみましょう。
簡単かつシンプルなレシピで、手順を追えば必ず成功します。
これさえ覚えれば、素敵なカレーライフがそこに！

まずはこれをマスター！
基本のカレーをつくろう

僕のカレーづくりはシンプル！
レシピの骨組みを知って自由にアレンジを楽しもう！

カレーづくりを難しいと思っている人は
（玉ねぎを何時間も炒めないといけないんじゃないか？）
（ソースを何時間もコトコトと煮込まないといけないんじゃないか？）
（何十種類ものスパイスを使って、複雑な工程があるんじゃないか？）
なんて思っているかもしれませんね。
もちろんお店で出される本格カレーには、大変な作業のものもあります。
でも、おうちで日々つくるカレーは、実はすごくシンプル！
考えてみれば、本場インドでは普通の主婦が家庭で毎日カレーをつくっているわけだから、そんなに大変な工程はないのです。
シンプルかつ簡単な、ベーシックのつくり方だけ覚えてしまえば、あとは具材や調味料を自由にかえて、何十とおりにもアレンジして楽しめます。

そんなわけで、まずは初めの一歩！
ベーシックのつくり方を覚えちゃいましょう。
驚くほど簡単、でも最高の味を保証します！

カレーレシピの骨組み

STEP I 玉ねぎ、にんにく、しょうがを炒める

option! スタータースパイスを入れる
レシピの最初に、ホールスパイスを油で炒めます。肉や魚の臭みを消し、料理全体に香りをつけます。

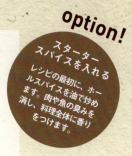

STEP II トマト（生・水煮）を加えて炒める

| カレー粉を投入！
Curry Powder!
(P.24〜) | **STEP III** | スパイスを投入！
Spices!
(P.66〜) |

STEP IV 具材（肉・野菜）、水を加えて煮る

option! ガラムマサラを加える
ガラムマサラは、3〜10種類の混合スパイスのこと。ヒンディー語で、ガラムは「熱い」、マサラは「混合スパイスをひいたもの」という意味で、よく仕上げの香りづけに使われます。

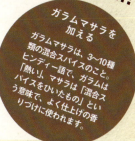

完成！

カレーづくりの道具

カレーづくりは道具もシンプル。自分にとって使い勝手のいいアイテムを選んでください。
そして好みの色やデザインを選ぶことも大事なポイント。
キッチンが華やかになって料理が楽しくなります。

Basic Tools
基本のアイテム

フライパン

カレーづくりはシンプルなので、フライパン1つあれば、ほぼ全ての料理をつくれます！ にんにく、しょうが、玉ねぎを炒める際に焦げないよう、フッ素樹脂加工のものを選びましょう。また後半に煮る作業があるので、深さがあり、蓋があることも大切。僕がよく使っているのは直径24cmのフライパンで、だいたい4人分がつくれるサイズです。

鍋

カレーづくりの際はほとんどフライパン1つで仕上げるのですが、水分の多いスープカレー、塊肉をしっかりと長時間煮込みたいカレー、大人数のパーティーで大量につくりたいときに登場するのが鍋。愛用しているのは、鋳物ホーロー鍋。ムラのない熱まわりで焦げにくく、じっくり加熱されるので食材を軟らかくし、蓋の重みが旨みを逃がしません。

へら・レードル

へらやレードルの選び方で大切なのは、木製かシリコン製のものを選ぶこと。炒めるときに金属のへらを使うと、フッ素樹脂加工のフライパンやホーローの鍋を傷つけてしまうからです。鍋もフライパンも長く大切に使いたい僕が、必ず守っていることです。

包丁

包丁は、玉ねぎのみじん切りにちょうどいいサイズのものがあると使い勝手がいいですよ。先が細いタイプの刃で、手の大きさになじめばどんな包丁でもいいと思います。

すりおろし器

すりおろし器は、にんにくとしょうがをすりおろすのに使うので、小さめサイズが適しています。すりおろした後取りきれず、おろし器に残るので、ワインや水を加えるときにフライパンの上で流すようにすると無駄がありません。洗いやすく清潔に保てるので、僕はセラミックタイプを使っています。

計量カップ・計量スプーン

計量カップは、耐熱ガラス製が清潔で便利です。また、計量スプーンは基本の大さじ、小さじの他に、使う場面の多い大さじ ½ と小さじ ½、小さじ ¼ などのサイズがあると重宝します。

Convenient Tools
便利アイテム

ミルグラインダー

ホールスパイスをひくために使います。スパイスはやはりひきたての香りが一番！ カレーづくりにハマったら、ぜひおすすめしたい道具です。香りが移るので、ミルグラインダーはスパイス専用で使いましょう。

フードプロセッサー

キーマカレーなどをつくるときの、野菜の細かいみじん切りに使います。短時間で均一の大きさに切れるので、とても便利。パーティーなどで大量にカレーをつくるときは、玉ねぎのみじん切りにも活躍していますよ。

ミキサー

サグカレー（ほうれん草カレー）など、水分を含んだ野菜をペースト状にするときに使います。また、バターチキンカレーなどで、ソースを滑らかに仕上げたいときにも。

シンプル基本のチキンカレー
Basic Chicken Curry

まずはベーシックなレシピを手順どおりにつくり、
カレーの基本を体で覚えましょう。レシピの順を追って
ていねいにつくれば、必ずおいしいカレーに仕上がります

シンプル基本のチキンカレーをつくろう
Let's cook chicken curry!

Start! 材料を用意する

1.
材料は分量どおりに用意し、鶏もも肉は常温に戻しておく。

【材料】（4人分）

鶏もも肉…400g
玉ねぎ…1個
にんにく…1片
しょうが…1片
トマトの水煮（缶詰）
　…200g
水…300㎖
サラダ油…大さじ2
塩…小さじ1程度

[パウダースパイス]
・クミン…小さじ2
・コリアンダー…小さじ1
・カイエンペッパー…小さじ½
・ターメリック…小さじ½
・ガラムマサラ（あれば）…小さじ1

　　　or

[カレー粉]…大さじ2

基本の材料

パウダースパイス　or　カレー粉

切る

2.

玉ねぎは縦半分に切ったら5mm幅に切り目を入れる。さらに繊維に直角に5mm幅に切ってみじんにする。

3.

にんにく、しょうがは、おろし器などですりおろす。
＊同じおろし器で、続けてすりおろしてOK！

4.

鶏肉はひと口大に切る。
＊本場インドでは皮を取りますが、お好みで。

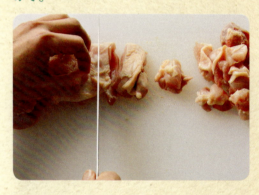

5.

トマトの水煮に硬い部分があれば除く。

OK!

下準備完了！

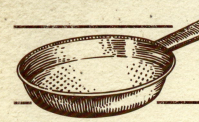

炒める

6.
フライパンにサラダ油を入れて中火で熱する。

7.
2のみじん切りにした玉ねぎを入れて中火で炒める。

8.
玉ねぎが透き通ってきたら3のしょうがとにんにくを加え、強火で約5分炒める。

9.
玉ねぎが色づいてきたら中火にして約10分、黄金色になるまで炒める。
＊炒める時間は目安です。コンロによって火加減が違うので、色の具合を見ながら手順を追っていきましょう。

10.

トマトの水煮を加える。
へらでトマトをつぶしながら混ぜ、軽く火を通す。

11.

カレー粉、または
スパイスを加えて中火で約5分炒める。

Spices!

or

Curry Powder!

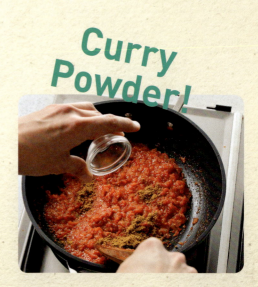

煮る

12.

4の鶏もも肉を加えてなじませる。

＊ここで鶏もも肉に、しっかり味をまとわせるように炒めましょう。

13.

分量の水を加えて
ひと混ぜする。

14.

蓋をして、中火のまま
約10分煮る。

15.

火加減をみながら濃度を
調節していく。

16.

塩を入れて好みの加減に調味する。
（ガラムマサラがあれば、加えて少し煮る）

＊塩加減で失敗しないよう、少しずつ入れて味見しながら調整しましょう。

Finish!
レードルですくって、ゆるく落ちるくらいの濃度になったらできあがり！

Column:1

カレーとの出会い

　今ではすっかりカレーマニアとなった僕ですが、カレーとの出会いは若干変わっています。
　というのも、僕の家にはいわゆる「おうちカレー」がなかったのです。
　うちの母は昔からとても健康的な極めてナチュラル志向な人で、家庭でつくる料理についても、ある意味とてもストイックなこだわりを持っていました。
　できるだけ自然の素材を使い、添加物なんかは一切NG。子どもの飲み物は牛乳か100%果汁のジュース。おやつは果物か、お菓子もできるだけ手づくりのもの。
　そんな感じで、食卓に出す料理にもいわゆる出来合いのものを使わないというポリシーを持っていて、みそ汁だったらだしから自分でとるし、ドレッシングだったら酢とオイルと塩、こしょうを使って自分でつくる、コーヒーだったらもちろん豆をひくところから自分でするというような徹底ぶりでした。
　それはカレーについても同じで、母はいわゆる出来合いの「カレールウ」を使わない主義でした。
　といって、インド料理の知識があるわけでもない一主婦の母が、ルウを使わずに一からスパイスを調合して本格的なカレーをつくるなんてのは当然不可能。
　今のようにどこのスーパーでも簡単にスパイスが手に入るような時代でもなかったですし、カレーのレシピ本だって今ほど手軽なものではなかったでしょう。
　その結果、母はとてもシンプルな結論に達しました。
「うちではカレーはつくらない」
　市販のルウは使いたくない、でも一からスパイスを研究してつくるなんてのは無理。
　じゃあ、いっそ家でカレーをつくるのは諦めて、小宮山家ではカレーは外で食べることにしましょう！
　全くもってシンプルかつストイックな母の考え方には、子ども心に「なにもそこまで…」とは思いつつも（笑）、一本しっかり筋が通っていたので、幼い僕も「家でカレー食べたい！」などとゴネることもありませんでした。
　そんなわけでおうちカレーのない家に育ち、言わばカレーに対して完全な無菌状態だった僕が、そのまっさらな状態で、ある日街のカレー専門店でカレーに出会ったのですから、その衝撃は大きかったわけです。
「なんだ、このおいしい食べ物は！」
　答えは簡単、それがカレーです（笑）。
　幸いなことに僕の住む東京には、その時代からたくさんの個性的なカレー専門店や本格的なインド料理店があったので、カレーバージンだった僕は、一気にカレーという広く深い世界へ、裸のまま飛び込んで行ったのでした。
　これが僕とカレーの、ちょっと変わった出会いのお話。

Chapter. 2

Let's Cook with Curry Powder

初めてでも絶対おいしく仕上がる
魔法のブレンドスパイス、
カレー粉を使って簡単、大満足のカレーづくり！

簡単、手軽に！
カレー粉でつくる

魔法のひとさじ！
カレー粉を知る

簡単便利、どんな料理に使っても、日本人なら誰もが納得の『カレー味』に仕上がる魔法のミックススパイス、それがカレー粉。
広く深いスパイスの世界への第一歩は、まずはカレー粉を使いこなすことから。近所のスーパーでも必ず手に入る、カレーづくりのチケットです。

カレー粉を使ってのカレーづくりに慣れたら、今度は自分でカレー粉を調合してみるのも楽しい。
市販のルウを使わずにカレー粉でカレーをつくれば、余分な油脂や小麦粉が入らないのですっきりヘルシー。毎日でも食べたくなる、簡単かつ健康的なカレーで、素敵なカレーライフを送りましょう！

カレーライフのおともに
市販のカレー粉

なんといっても手軽なのは、市販のカレー粉。メーカーによって個性の違いがあるので、いろいろ試してお気に入りの一品を見つけましょう！

赤缶カレー粉
日本人になじみ深い赤缶のカレー粉。三十数種類のスパイスをブレンドし、焙煎、熟成してつくられる。戦後復興期から日本のカレー味を牽引してきた、伝統の一缶。(エスビー食品)

インデラカレー スタンダード
インド特有のスパイスブレンド方式に、独自の製造技術を掛け合わせ、生み出された一品。調理後の香り立ちがよいとプロのシェフたちから評判。(ナイル商会)

シェアウッド カレーパウダー マイルド
コリアンダーなどのスパイスの香りに、ガーリックとオニオンでコクをつけ、米粉でマイルドに仕上げている。イギリスを代表する、インド料理食材のブランド。(三菱食品)

カレーパウダーＮ21Ｂ マイルド
コリアンダー、クミンなどのスパイスに、陳皮などをブレンド。ハイクラスな食品店に置かれている人気商品。スタンダード、ストロングもある。(アナン)

India Spice&Masala Company カレーパウダー
コリアンダー、ターメリックなどの基本スパイスにカルダモンやキャラウェイなど、インドで18種のスパイスを選別。辛みの強いカレー粉。(インドアメリカン貿易商会)

サン ブランド カレーパウダー
かわいらしいパッケージがネットでも話題。インド産ながら、基本のスパイスにひよこ豆が配合されてマイルドな口あたり。根強いファンに愛され続けている。(キタノ商事)

小宮山雄飛レシピ公開！
オリジナルカレー粉をつくる

スパイスがそろってきたらオリジナルのカレー粉づくりに挑戦してみましょう。
ここでは僕のとっておきの配合をお教えします！

【初級編配合】

クミンシード(a)…小さじ1
コリアンダーシード(b)…小さじ1
ターメリック(c)…小さじ1
カルダモンシード(i)…小さじ½
カイエンペッパー(f)…小さじ¼

【上級編配合】

クミンシード(a)…大さじ7
コリアンダーシード(b)…大さじ5
ターメリック(c)…大さじ5
ガーリックパウダー(d)…大さじ4
ジンジャーパウダー(e)…大さじ3
カイエンペッパー(f)…大さじ2
黒こしょう(ホール)(g)…大さじ2
白こしょう(ホール)(h)…大さじ2
カルダモンシード(i)…大さじ2
クローブ(ホール)(j)…大さじ2
オールスパイス(ホール)(k)…大さじ1
フェンネルシード(l)…大さじ1
シナモンスティック(m)…5cm1本
ローリエ(n)…5枚
ナツメグ(o)…小さじ1

【つくり方】

1. 分量のスパイスを用意してフライパンに入れる。

2. かき混ぜながら、香りが立つまで弱火でいる。

3. ミルグラインダーに入れてひく。

完成！

定番ビーフカレー

男性が初めて挑戦する定番カレーがこれ！
隠し味にチョコレートを加えてコクをだし、
よりリッチな味わいに

with the Curry Powder!
Beef Curry

【材料】(4人分)

牛バラ肉(ブロック)…600g
にんじん…1本
じゃがいも…2個
玉ねぎ…1½個
にんにく…1片
しょうが…1片
トマトの水煮(缶詰)…200g
赤ワイン…300㎖
コンソメ(キューブ)…1個
チョコレート…
　　板チョコの横1列分
水…500㎖
サラダ油…大さじ2
ローリエ(乾燥)…2枚
塩…小さじ1程度
黒こしょう…小さじ½
カレー粉…大さじ2

【つくり方】

1. 牛肉は3～4cm角に切り、密閉袋などに入れて赤ワインを注ぎ、2時間ほど漬けておく(ひと晩おいてもよい)。

2. 玉ねぎ1個分はみじん切りにし、にんにく、しょうがはすりおろす。にんじん、じゃがいも、玉ねぎ½個分はひと口大の乱切りにする。

3. フライパンにサラダ油を熱し、2でみじん切りにした玉ねぎを入れて透き通るまで中火で炒める。2のにんにく、しょうがを加えて強火で約5分炒め、玉ねぎが色づいてきたら中火にして約10分、黄金色になるまで炒める。

4. トマトの水煮を加えてつぶしながら混ぜ、火が通ったらコンソメ、カレー粉、黒こしょう、ローリエを加え、約5分煮る。

5. 1の牛肉をワインごと加えてさらに煮る。

6. 牛肉に火が通ったら分量の水とチョコレートを加え、チョコレートが溶けたら2で乱切りにした玉ねぎ、にんじん、じゃがいもを加え、弱火にして蓋をし、約2時間煮る。
＊隠し味に入れるチョコレートが、奥深い味に仕上げてくれます。

7. とろっとした濃度が出てきたら、塩で好みの味加減に調味してできあがり！

ワインに漬け込む

ビーフカレーは牛肉の存在感が大切です！ 牛肉は大きめに切り、ワインに2時間以上漬け込むことで味にコクと深みが出て、さらにほろっと軟らかい食感になります。

なすのつゆだく キーマカレー

キーマなのに汁多めの
シャバシャバ感がおいしい！
なすのくたっとした食感も魅力の一品

with the Curry Powder!
Kheema with Eggplant

【材料】（4人分）

合いびき肉…300ｇ
玉ねぎ…2個
にんにく…2片
しょうが…2片
なす…4本
じゃがいも…1個
にんじん…1本
トマトの水煮(缶詰)…200ｇ
ココナッツミルク…70㎖
水…400㎖
コンソメ(キューブ)…1個
サラダ油…大さじ2
ローリエ(乾燥)…2枚
バジル(乾燥)…大さじ1
オレガノ(乾燥)…小さじ1
黒こしょう…小さじ1
塩…小さじ1程度
カレー粉…大さじ2

ターメリックライス※…4皿分

つけ合わせ
├大根…5cm
│玉ねぎ…¼個
│ピーマン…2個
│レモン…½個
└カイエンペッパー…小さじ1

【つくり方】

1. 玉ねぎはみじん切りにし、にんにく、しょうがはすりおろす。なすとじゃがいもは1cm角に切り、にんじんはできるだけ細かいみじん切りにする(フードプロセッサーにかけてもよい)。

2. フライパンにサラダ油を熱し、1の玉ねぎを入れて透き通るまで中火で炒める。1のにんにく、しょうがを加えて強火で約5分炒め、玉ねぎが色づいてきたら中火にして約10分、黄金色になるまで炒める。

3. 合いびき肉を加えて中火で炒める。

4. 1のなす、じゃがいも、にんじんを順に加えながら炒めていく。

※米2合にターメリック小さじ1の割合で炊く

5. トマトの水煮を加えてつぶしながら混ぜ、火が通ったらカレー粉、黒こしょう、バジル、オレガノ、ローリエ、ココナッツミルク、コンソメ、分量の水を加え、ひと混ぜしたら蓋をし、弱火で約20分煮る。最後に塩を加えて好みの加減に味を調える。
＊煮つまって水分が足りなくなったら途中で水少量(分量外)を加える。

6. つけ合わせの大根、玉ねぎ、ピーマンは全てみじん切りにするかフードプロセッサーにかけてボウルに入れる。レモンを搾り入れ、カイエンペッパーを加えて混ぜる。
＊カレーに加えながら食べるとおいしい。

7. ターメリックライスとともに5を器に盛りつけたらできあがり！

スパイスとだしの関係

スパイスからつくるインド風のカレーは、だしを足さなくても、おいしく仕上がるようにできています。一方カレー粉は、日本料理のスタイル？に合わせてつくられていますから、具に骨つき鶏肉などを加えない限り、だしを加えないと味がボヤけてしまいます。カレーづくりの際に、ブイヨンなどのだしを足すかどうかは、大まかにはカレー粉でつくるか、スパイスからつくるかで分けると覚えやすいです。

ベーコンエッグ
キャベツカレー

カレーに溶け出た
ベーコンの脂の旨みを、ストレートに
キャベツにからめる、ワイルドなおいしさ

with the Curry Powder!
Bacon and Egg Cabbage Curry

【材料】（4人分）

玉ねぎ…1個
にんにく…2片
しょうが…2片
トマトの水煮(缶詰)…200g
ベーコン(ブロック)…300g
水…400㎖
キャベツ…2～3枚
卵…4個
塩…小さじ1程度
黒こしょう…小さじ2
カレー粉…大さじ2

【つくり方】

1. 玉ねぎはみじん切りにし、にんにく、しょうがはすりおろす。キャベツはひと口大のざく切りにする。ベーコンは脂と赤身に分け、脂を細かく切り、赤身は3～4cm幅に切る。

2. 1のベーコンの脂をフライパンに入れて熱し、脂が溶けてきたら1の玉ねぎを加えて透き通るまで中火で炒める。1のにんにく、しょうがを加えて強火で約5分炒め、玉ねぎが色づいてきたら中火にして約10分、黄金色になるまで炒める。
＊ベーコンの脂をしっかり出すことが全体の旨みにつながります。

3. トマトの水煮を加えてつぶしながら混ぜ、カレー粉、黒こしょうを加える。

4. トマトに火が通ったら1のベーコンの赤身部分と分量の水を加えて中火で煮る。

5. 煮汁の水分が飛んで濃度がついてきたら、1のキャベツを加えてさっと煮て、塩で好みの加減に調味する。

6. 1人分用のフライパンに5の¼量を移し入れて中火にかけ、卵を割り落とし、好みの加減に火が通ったらできあがり！（1人分用のフライパンがなければ、5に直接卵を割り落として煮る）。

しゃきしゃき感を残す

キャベツは熱してしばらくすると水分が出てしんなりしてきます。しゃきしゃきした食感を楽しみたいので、火を入れる時間は短時間にしましょう。

サグチキンカレー

上級なイメージがあるほうれん草カレー。
実は基本のカレーにほうれん草ペーストを
加えるだけの手軽さです

with the Curry Powder!
Spinach Chicken Curry

【材料】（4人分）

- ほうれん草…1束
- 鶏もも肉…400g
- 玉ねぎ…1個
- にんにく…2片
- しょうが…1片
- 生クリーム…50㎖
- トマトの水煮(缶詰)…200g
- コンソメ(キューブ)…1個
- 水…50㎖
- サラダ油…大さじ2
- 塩…小さじ1程度
- カレー粉…大さじ3
- ターメリックライス(つくり方→P.29)…4皿分

【つくり方】

1. 玉ねぎはみじん切りにし、にんにく、しょうがはすりおろす。鶏もも肉はひと口大に切る。

2. フライパンにサラダ油を熱し、1の玉ねぎを入れて透き通るまで中火で炒める。1のにんにく、しょうがを加えて強火で約5分炒め、玉ねぎが色づいてきたら中火にして約10分、黄金色になるまで炒める。

3. トマトの水煮を加えてつぶしながら混ぜ、火が通ったらカレー粉とコンソメを加え、軽く水分が飛ぶまで中火で炒める。

4. 1の鶏肉と分量の水を加え、5～10分、中火で鶏肉に火が通るまで煮る。この間に、別の鍋に湯を沸かし、ほうれん草をゆでる。

5. ゆでたほうれん草は少量のゆで汁とともにミキサーにかけ、ペースト状にしておく。
＊ゆで汁を少し加えると、ミキサーがスムーズに回ります。

6. 4のフライパンに生クリームを加え、中火のままひと混ぜする。

7. 5のほうれん草を加えて混ぜ、ひと煮立ちさせたら、塩で好みの加減に調味する。

8. 器にターメリックライス、7の順に盛ったらできあがり！

YuHi's ADVICE!

ほうれん草の色は鮮やかに

サグカレーは、ほうれん草の鮮やかな緑色が食欲をそそる、僕も大好きな一品。火を通しすぎると色が悪くなるので、フライパンに加えたら、さっとひと煮立ちさせて火を止めましょう。

あっさりチキン
スープカレー

手羽元を使うことで、骨からしっかり
だしが出て、シンプルながら確実に
おいしいスープができあがります

with the Curry Powder!
Chicken Soup Curry

【材料】(4人分)

鶏手羽元…8本
にんじん…1本
玉ねぎ…½個
にんにく…1片
水…800㎖
白ワイン…200㎖
タイム(乾燥)…小さじ1
ローリエ(乾燥)…2枚
黒こしょう…小さじ1
塩…小さじ1程度
カレー粉…大さじ2

【つくり方】

1. 鶏手羽元は血合いなどをきれいに洗っておく。にんじん、玉ねぎはひと口大に切る。にんにくはすりおろす。

2. 鍋に分量の水を入れ、1の鶏手羽元とにんにくを加えてから中火にかける。アクを取りながら約40分煮込む。
＊他のカレーレシピ同様にトマトの水煮を入れてもおいしいのですが、今回はシンプルに鶏の旨さを楽しむレシピにしました。

3. 1のにんじんと玉ねぎ、タイム、ローリエ、カレー粉、黒こしょう、白ワインを加えて蓋をし、野菜に火が通るまで10〜15分煮る。

4. 塩で好みの加減に調味したらできあがり！

＊スープの味が薄く感じる場合は、コンソメを使って味を調整してください。

鶏肉は専門店がお薦め！

一般的にインドでは牛を食べないため、カレーの材料としてよく登場するのが鶏。値段が手ごろで扱いやすく、お家カレーにお薦めの具材です。それだけに、鶏肉はできるだけいいものを使うのが僕流。ちょっと足を延ばして鶏肉専門店に買いに行きます。特に骨付きの場合はだしで味に格段の差が出るので、ぜひ専門店で購入を！ 東京なら築地の「宮川食鳥鶏卵」や五反田の「信濃屋」がお薦め！

ビーフトマトカレー

牛肉の旨みとトマトの酸味が合う！
汁でくたっとなったキャベツがまた絶品。
和風な炒め物系のカレーです

with the Curry Powder!
Beef and Tomato Curry

【材料】（4人分）

牛こま切れ肉…400ｇ
トマト（生）…2個
玉ねぎ…1個
キャベツ…4～5枚
サラダ油…大さじ2
黒こしょう…小さじ1
塩…小さじ1程度

A ┌ にんにく（すりおろす）…1片
  │ バター…10ｇ
  │ しょうゆ…大さじ2
  │ 酒…大さじ4
  │ 砂糖…小さじ3
  │ 水…50㎖
  └ カレー粉…大さじ2

【つくり方】

1. トマトは大きめのざく切り、玉ねぎはくし形切り、キャベツは千切りにする。

2. ボウルにAの材料を全て入れ、混ぜる。

3. フライパンにサラダ油を熱し、1の玉ねぎを入れて中火で炒める。

4. 玉ねぎがしんなりしてきたら、牛こま切れ肉と1のトマトを入れる。中火で軽く炒めて2を加え、さらに煮る。

5. 牛肉に火が通って、全体の水分が程よく飛んだら黒こしょうを加える。塩で好みの加減に調味する。

6. 皿に1のキャベツと5を盛りつけたらできあがり！

トマトは大きめに切る

加熱したトマトの甘みと程よい酸味がおいしい、おかずにもなるカレーです。トマトの赤は彩りのアクセントにもなるので、大きめに切って存在感を出しましょう。

中華風咖喱

紹興酒と豆板醬が旨さをグレードアップする、
中華風レシピです。たけのこ、きくらげなど
中華丼の要領でお好きな具材を入れてもGOOD！

with the Curry Powder!
Chinese-style Pork Curry

【材料】（4人分）

豚バラ肉（ブロック）…300ｇ
白菜…3枚
しいたけ（生）…2個
玉ねぎ…1½個
にんにく…1片
しょうが…1片
水…400㎖
紹興酒…100㎖
豆板醤…小さじ1
中華スープの素（顆粒）…大さじ1
片栗粉…大さじ2
サラダ油…大さじ2
塩…少量
カレー粉…大さじ2

【つくり方】

1. 豚バラ肉、白菜はそれぞれひと口大に、しいたけは石づきを外して5mm幅に、玉ねぎ½個分は厚めのスライスに切る。玉ねぎ1個分はみじん切りにし、にんにく、しょうがはすりおろす。

2. フライパンにサラダ油を熱し、1のみじん切りにした玉ねぎを入れて透き通るまで中火で炒める。1のにんにく、しょうがを加えて強火で約5分炒め、玉ねぎが色づいてきたら中火にして約10分、黄金色になるまで炒める。

3. カレー粉を加えて中火で炒める。

4. 分量の水、紹興酒、1の豚バラ肉、しいたけ、厚めのスライスにした玉ねぎ、白菜を加えて煮る。中華スープの素、豆板醤を加えてさらに煮る。
＊辛みを抑えたい人は、豆板醤の量を控えめにしましょう。

5. 塩で好みの加減に調味したら片栗粉を水（大さじ2）に溶いて回し入れ、ひと混ぜしてとろみをつけたらできあがり！

YUMI's ADVICE!

紹興酒と豆板醤で中華風に

中華スープの素に、さらに紹興酒と豆板醤を加えることで、ぐっと中華風の味になり、奥行きのある風味に仕上がります。

カレー味豚キムチ丼

豚キムチ炒めをカレーに
アレンジした、ストレートなおいしさの
大好評レシピです

with the Curry Powder!
Pork Kimchi Curry Bowl

【材料】（4人分）

豚バラ薄切り肉…300g
キムチ…300g
玉ねぎ…1個
にんにく…1片
しょうが…1片
キャベツ…¼個
サラダ油…大さじ2
めんつゆ（かけ用に薄めた分量）
　…100㎖
ごま油…適量
卵黄…4個分
万能ねぎ…½束
塩…少量
黒こしょう…少量
カレー粉…大さじ2

白ご飯…4杯分

【つくり方】

1. 豚バラ薄切り肉は両面に塩、黒こしょうをふって4cm幅に切る。玉ねぎを薄切りにする。にんにく、しょうがをすりおろす。キャベツをひと口大に切る。

2. フライパンにサラダ油を熱し、1の玉ねぎを入れて中火で約4分炒める。

3. 玉ねぎが透き通ってきたら、1のにんにく、しょうがを加えて中火で約3分炒める。

4. 1の豚バラ薄切り肉を加えて中火で炒め、カレー粉を加えてさらに炒める。

5. キムチ、1のキャベツ、めんつゆを加えてさっと煮る。最後にごま油を回し入れて香りを立たせる。

6. 器にご飯、5を盛って卵黄をのせ、万能ねぎを5mm幅に切って散らしたらできあがり！

YUKI's ADVICE!

卵黄を濃厚な味わいに

卵黄はしょうゆをかけて5分ほど時間をおいてみてください。浸透圧の関係でとろりと濃厚になった黄身ソースを、カレーの具にからめていただきましょう。

和風カレー丼

蕎麦屋風の味つけをイメージしたアレンジカレー。
カレー粉の量を抑えめに、だしの薫りを
大切にする按配がポイント

with the Curry Powder!
Japanese-style Curry Rice Bowl

【材料】(4人分)

鶏もも肉…300g
山いも…適量
れんこん…適量
ごぼう…適量
にんじん…1本
なす…3本
えのきだけ…100g
めんつゆ (かけ用に薄めた分量)
　…400㎖
片栗粉…大さじ2
グリンピースの水煮(缶詰)…適量
塩かしょうゆ…少量
カレー粉…大さじ2 (から様子見)

白ご飯…4杯分

【つくり方】

1. 鶏もも肉、山いも、れんこん、ごぼう、にんじん、なすはひと口大の乱切りにする。えのきだけは石づきを取って半分に切る。

2. フライパンにめんつゆと1の具材を入れて中火で10分ほど煮る。

3. 野菜が軟らかくなったらカレー粉を加えてひと混ぜする。水大さじ2 (分量外) で片栗粉を溶き、回し入れる。

4. そのまま5分以上煮て、塩かしょうゆで好みの加減に調味する。
＊めんつゆに塩分があるので塩を加える分量は加減する。

5. 器にご飯、4の順に盛り、上にグリンピースを散らしたらできあがり！
＊春先には、生のグリンピースが出回りますので、塩ゆでにして使ってみてください。青い香りが、和風カレーのおいしさを、ぐっと引き立てます。

和なつけ合わせを添えて

福神漬け、らっきょう、紅しょうがは、つけ合わせ界のスリートップで、ジャパニーズスタイルのカレーには欠かせない存在！　和風カレー丼の香りとも、相性ばっちりです。

シンプルキーマカレー

合いびき肉と野菜をなじませるように
炒めましょう。それぞれの旨みと甘みが
一体となったら、キーマカレーは成功です!

with the Curry Powder!
Kheema

【材料】（4人分）

合いびき肉…300g
なす…1本
にんじん…1本
玉ねぎ…1個
にんにく…1片
しょうが…1片
トマトの水煮(缶詰)…200g
水…200ml
ゆで卵…4個
サラダ油…大さじ2
塩…小さじ1程度
カレー粉…大さじ2

白ご飯…4皿分

【つくり方】

1. 玉ねぎ、なす、にんじんはみじん切りにし、にんにく、しょうがはすりおろす。

2. フライパンにサラダ油を熱し、1の玉ねぎを入れて透き通るまで中火で炒める。1のにんにく、しょうがを加えて強火で約5分炒め、玉ねぎが色づいてきたら中火にして約10分、黄金色になるまで炒める。

3. トマトの水煮を入れてつぶしながら混ぜ、火が通ったらカレー粉を加えてなじませ、中火で約5分煮る。

4. 分量の水、合いびき肉、1のなす、にんじんを加えて、よく混ぜながら中火で約10分煮る。
＊最後にガラムマサラを加えて少し煮ると、より香り高いキーマカレーに仕上がります。

5. 水分が飛んでパラッとした状態になってきたら、塩で好みの加減に調味する。

6. 器にご飯を平たく盛り、5を重ねるようにのせたら、薄切りにしたゆで卵をずらしながら並べてのせたらできあがり！

初心者におすすめ、キーマカレー

一般的なカレーよりもちょっと専門的なイメージもあるキーマカレーですが、実は初心者がつくって一番失敗がないのがキーマカレー。たっぷりの肉を使うので旨みがしっかり出て、よほど味つけを失敗しない限りおいしく仕上がります。逆に具の少ない超シンプルなカレーの方が、実は難しい。初めてのカレーづくりで何をつくるか悩んだら、まずはキーマにチャレンジしてみてください！

ポークジンジャーカレー

日本人が大好きな豚肉のしょうが焼きを、
カレーにアレンジしました。
しょうがはたっぷり入れるのが僕好みです

with the Curry Powder!
Pork Ginger Curry

【材料】（4人分）

豚バラ薄切り肉…400g
玉ねぎ…1個
キャベツ…4〜5枚
ミニトマト…適量
しょうが…2〜3片
酒…大さじ3
サラダ油…大さじ2
ごま油…少量
塩かしょうゆ…少量

A
- しょうゆ…大さじ2
- みりん…大さじ2
- 砂糖…小さじ2
- カレー粉…大さじ2

【つくり方】

1. 玉ねぎはくし形切りに、キャベツは千切りにする。しょうがはすりおろす。

2. 豚バラ薄切り肉は3〜4cm幅に切り、1のしょうがと酒をまぶして30分ほどおいておく。
＊しょうがと酒に漬けることで、豚肉の臭みが消えます。

3. Aの材料を全てボウルに入れ、混ぜておく。

4. フライパンにサラダ油を熱し、1の玉ねぎを入れ、しんなりするまで中火で炒める。

5. 2の豚バラ薄切り肉を漬け汁ごと加えて中火で炒め、軽く火が通ったら3を加えてさらに炒める。

6. 全体に火が回ったら塩で好みの加減に調味し、ごま油を回しかける。
＊お好みで、塩の代わりにしょうゆで味を調えても！

7. 皿に1のキャベツとミニトマト、6を盛りつけてできあがり！

しょうがの香りを最大限に楽しむ

しょうがの風味が好きな人は、炒めているときに、さらにしょうがを足してもGOOD！ 直接フライパンにすり入れて、香りが飛ばないうちに、火を止めましょう。

Column:2

スパイスにハマり、カレー粉と出会う

　カレーの食べ歩き専門だった僕が、自分でもカレーをつくるようになったきっかけは、雑誌「dancyu」の企画でした。
　スパイスの伝道師として知られる渡辺玲さんに僕がカレーづくりを習うという企画で、初めてスパイスから自分でカレーをつくってみたら、これがビックリするくらいにおいしい！　母の影響でカレーは外で食べるものと思っていた僕は、これを機にすっかり家でのカレーづくりに目覚め、スパイス問屋に行ってスパイスを買い集め、今度はカレーづくりが趣味になりました。
　しかし、本格的なカレーづくりは簡単ではありません。毎回毎回玉ねぎを大量に炒めたり、スパイスをミルしたり、テンパリングしたり…。いかにカレー好きとはいえ、毎回この作業は大変だなぁ…と思っているうちに、だんだん家でカレーをつくる回数が減ってきて、いつの間にかカレーは友人や家族を集めてのホームパーティーのときだけつくる〝ハレ〟の料理になっていました。
　そんな時、NHKの「やさいの時間」という番組から、旬の野菜を使ってカレーをつくるというコーナーのレギュラーのお誘いが来ました。喜んでお受けしたのですが、番組でつくるカレーには１つ条件があり、それは〈どこでも手に入る材料でつくれるカレー〉でした。NHKの視聴者は全国の老若男女です。近所のスーパーで手に入らない食材やスパイスがあっては、番組を観た人が同じものをつくれません。なので、この番組でつくるカレーは、複雑なスパイスの組み合わせではなく、カレー粉でつくることになりました。
　実は、僕はそれまでカレー粉をほとんど使ったことがありませんでした。なにしろ一切カレーをつくらない家で育ったところに、いきなりスパイスの伝道師・渡辺さんから本格的なスパイスカレーのつくり方を教わったわけですから、カレー粉を使うタイミングが一度もなかったのです。しかし、いざカレー粉を使ってカレーをつくってみると、これが面白いくらい簡単に、おいしくできる！　それはそうです、万人がこれぞカレー！と思えるスパイスの調合がすでにされているのがカレー粉なんですから、見事ストライクな味になる。
　そしてなにより大きなポイントは、ものすごく簡単にできるということ。
　ちょっと面倒だなぁ…と遠ざかっていたカレーづくりに、カレー粉がきっかけでまた戻ってきたのです！　さくっとつくりたいときはカレー粉を使い、エッジの利いたオリジナルカレーをつくりたいときはスパイスを使えばいいんです。
　言うなれば、僕にカレーづくりの楽しさを教えてくれたのがスパイス、そして、そのスパイスによって逆に身動きが取れなくなっていた僕を、呪縛から解き放ってくれたのがカレー粉。大げさに言うのならばそういうことなんです（笑）。
　この本が、カレー粉からつくるカレーとスパイスからつくるカレーの２つに分かれているのはそんな理由です。大事なのはとにかくつくってみること！
　カレー粉とスパイスを使い分け、楽しみながら日々のカレーづくりに挑戦してみてください。

キャベツと
コンビーフのカレー

カレーの香りとコンビーフの旨みを
まとったキャベツがおいしい、お手軽レシピ。
ビールのつまみにもぴったりです！

with the Curry Powder!
Corned Beef Curry

【材料】（4人分）

コンビーフ（缶詰）…1缶
キャベツ…¼個
玉ねぎ…1個
にんにく…1片
しょうが…1片
水…300㎖
しょうゆ…大さじ1
ソース（中濃）…大さじ1
サラダ油…大さじ2
黒こしょう…小さじ1
カレー粉…大さじ2

【つくり方】

1. 玉ねぎはみじん切りにし、にんにく、しょうがはすりおろす。キャベツはざく切りにする。

2. フライパンにサラダ油を熱し、1の玉ねぎを入れて透き通るまで中火で炒める。1のにんにく、しょうがを加えて強火で約5分炒め、玉ねぎが色づいてきたら中火にして約10分、黄金色になるまで炒める。

3. カレー粉を加えて、約2分炒める。

4. コンビーフ、分量の水、しょうゆ、ソースを加え、なじませながら中火で煮る。

5. 1のキャベツを加える。しんなりしてきたら黒こしょうを加え、ひと混ぜしてできあがり！

朝食アレンジ！

コンビーフカレーは、食パンにのせて目玉焼きをトッピングすれば、ちょっとリッチなブレックファストメニューに。カレーの程よい辛みが朝の目覚めにぴったりです。

朝の納豆キーマカレー

納豆とカレーの大胆なタッグは、
眠たい朝、一気に活を入れてくれる、
日本式のパワフルブレックファスト！

with the Curry Powder!
Breakfast Natto Kheema

【材料】（1～2人分）

ひきわり納豆(たれつき)…1パック
合いびき肉…100g
玉ねぎ…¼個
酒…50㎖
水…100㎖
しょうゆ…少量
サラダ油…大さじ1
バジル(乾燥)…小さじ1
カレー粉…小さじ1½
クミンシード…小さじ½(なくても可)

発芽玄米ご飯…1～2杯分

【つくり方】

1. 玉ねぎをみじん切りにする。

2. フライパンにサラダ油を熱し、1の玉ねぎを加えて中火で約5分炒める。
＊クミンシードがあれば、フライパンにサラダ油とともに入れて弱火で熱してから玉ねぎを加えると、ぐんと香りが増します。

3. 玉ねぎが透き通ってきたら合いびき肉とカレー粉を加えて炒める。

4. 合いびき肉に火が通って赤い部分が全て白くなったら、酒、水を加えて中火で煮る。
＊合いびき肉は、水分を飛ばしながら火を入れていくと、旨みが出ます。

5. 水分が飛んだらひきわり納豆と付属のたれを加えて中火でさらに煮る。

6. 好きな濃度に煮詰め、しょうゆで好みの加減に調味する。バジルを加えてひと混ぜする。

7. 器に発芽玄米ご飯、6を盛り、バジルを少量(分量外)のせたらできあがり！

クミンで香りを立てる

必須材料ではないですが、納豆のにおいを控えめにしたければ、スタータースパイスとしてクミンシードを入れましょう。サラダ油といっしょに熱すると、写真のように泡が立ち、香りが出てきます。

カレーチャーハン

チャーハンの具はいたってシンプル、卵とチョリソー。
食べている途中にナンプラーを少々加えると
エスニック風味も味わえます

with the Curry Powder!
Curry Fried Rice

【材料】（2人分）

ご飯…茶碗2〜3杯分
卵…2個
チョリソー（なければソーセージ）
　…4本
ベビーコーン…4本
ブロッコリー…½個
中華スープの素（顆粒）…小さじ1
サラダ油…大さじ3
しょうゆ…少量
ナンプラー（好みで）…適宜
黒こしょう…適量
カレー粉…小さじ2

【つくり方】

1. チョリソーは5mm幅の輪切りにする。ベビーコーン、ブロッコリーはひと口大に切る。卵は小さいボウルに入れて溶きほぐす。

2. 中華鍋にサラダ油を熱し、1の溶き卵、チョリソーを同時に入れて強火で炒める。

3. 火が通ったら強火のままご飯を入れ、崩しながらカレー粉、中華スープの素を加えて炒める。
＊カレー粉は早めのタイミングで入れて熱をしっかり通し、粉っぽさが残らないようにしましょう。

4. ご飯がパラパラとしてきたら黒こしょうをふってひと混ぜし、しょうゆで好みの加減に調味して火を止める。

5. 小鍋に湯を沸かし、1のベビーコーンとブロッコリーを塩ゆでにする。
＊4、5のプロセスは同時に進行すると全体が温かく仕上がります。

6. 器に4を盛り、5をのせてできあがり！
＊好みでナンプラー少量をかけて食べても、エスニック風味でおいしい。

チャーハンは強火でパラパラに

チャーハンのおいしさは、ご飯のパラパラとした仕上がり具合が大切です。できるだけ強火にして、家庭のコンロでは、鍋を火から離しすぎないようにして炒めましょう。

炒めるカレースパゲッティ

極太パスタでつくりたい、カレースパ。
しょうゆを加えて炒めると、香ばしく、
迫力あるＢ級感に！

with the Curry Powder!
Curry Spaghetti

【材料】（4人分）

合いびき肉…400g
小松菜…2束
玉ねぎ…1個
にんにく…1片
しょうが…1片
トマトの水煮(缶詰)…200g
水…200ml
スパゲッティ(太さ2.2mm)
　…400g
コンソメ(キューブ)…1個
サラダ油…大さじ2
しょうゆ…少量
カレー粉…大さじ2

【つくり方】

1. 玉ねぎはみじん切りにし、にんにく、しょうがはすりおろす。小松菜は3cm長さに切る。

2. フライパンにサラダ油大さじ1を熱し、1の玉ねぎを入れて透き通るまで中火で炒める。1のにんにく、しょうがを加えて強火で約5分炒め、玉ねぎが色づいてきたら中火にして約10分、黄金色になるまで炒める。

3. トマトの水煮を加えてつぶし、火が通ったらカレー粉を加えて混ぜ、5分ほど煮る。

4. 水100mlとコンソメを加えて中火で2～3分煮たら、合いびき肉と水100mlを加えてさらに5分ほど煮る。

5. スパゲッティをゆで始める。
＊表示時間より1分短くゆでます。

6. 別のフライパンにサラダ油大さじ1を熱して1の小松菜を炒め、4に加える。

7. 5のスパゲッティとしょうゆを加え、全体をなじませるように炒めてできあがり！
＊カレー粉としょうゆは、スパゲッティのゆで汁少量を加え、よくなじませて。乳化させて一体感を出すと、ぐんとおいしくなります。

迫力の2.2mmパスタ

カレースパゲッティをつくるとき、僕は極太2.2mmのパスタを使います。太麺が、カレー粉としょうゆの強い味をしっかりと受け止めて、満足感いっぱいのひと皿に。

カレーホットサンド

汁気をしっかり飛ばしたカレーを
こんがりと焦げ目のついたパンが
受け止めてくれる、なつかしいおいしさ

with the Curry Powder!
Curry Hot Sandwich

【材料】（4人分）

食パン（薄切り）…8枚
合いびき肉…200ｇ
にんじん…1本
じゃがいも…1個
なす…1本
玉ねぎ…1個
にんにく…1片
しょうが…1片
トマトの水煮(缶詰)…100ｇ
水…100㎖
サラダ油…大さじ2
塩…少量
カレー粉…大さじ2

【つくり方】

1. にんじん、じゃがいも、なすは1cm角に切り、玉ねぎはみじん切りにする。にんにく、しょうがはすりおろす。

2. フライパンにサラダ油を熱し、1の玉ねぎを入れて透き通るまで中火で炒める。1のにんにく、しょうがを加えて強火で約5分炒め、玉ねぎが色づいてきたら中火にして約10分、黄金色になるまで炒める。

3. トマトの水煮を加えてつぶしながら混ぜ、火が通ったらカレー粉を加えてなじませ、中火で5分煮る。

4. 1のにんじん、じゃがいも、なす、合いびき肉、分量の水を加えてひと混ぜし、蓋をする。野菜が軟らかくなるまで煮たら、その後はしっかりと水分を飛ばしていく。

5. 塩で好みの加減に調味をする。

6. 食パン2枚で5のカレーをはさみ、ホットサンドメーカーで焼けばできあがり！
＊ホットサンドメーカーがない場合は、トーストしたパンにはさんでサンドイッチにしてもおいしいですよ。

便利なホットサンドメーカー

ホットサンドメーカーで、パンにしっかり焦げ目をつけて香ばしさを楽しむのが僕の好み。パンの縁がくっついて中のカレーが密閉されるので、お弁当にしても。手放せない一台です。

超簡単
オニオンスープカレー

トマトのさわやかな酸味に
バジルがアクセントの、
超お手軽カレースープです

with the Curry Powder!
Onion Curry Soup

【材料】(2人分)

オニオンコンソメスープの素
　…小さじ4
トマト(生)…1個
水…200㎖
ガーリックパウダー…小さじ1
バジル(乾燥)…小さじ1
カレー粉…小さじ2

【つくり方】

1. トマトを1cm角のダイス状に切る。

2. 小鍋に材料の全てを入れて、中火で煮たらできあがり！
＊材料のオニオンコンソメスープの素は、昆布茶に替えてもおいしいですよ。その場合、分量は小さじ1を目安に加えてください。

食材を置き換えると……

カレーのレシピで必ず出てくるのが「玉ねぎを○○になるまで炒めて」という言葉。レシピによって茶色・飴色・黄金色など表現の違いこそあれ、とにかく玉ねぎをしっかり炒めるのがカレーの基本。ならば、そこの部分をオニオンスープで代用したらどうなるんだろう？と考えたのが、この簡単メニュー。皆さんも自由に食材の置き換えをイメージして、独自のレシピを考案してみてください。

Column:3

チマヨ～唐辛子の旅

　辛いものが大好きな僕は、一時期唐辛子にハマっていました。
　今でこそ「ハバネロ」とか「ブート・ジョロキア」などの激辛唐辛子も一般的になり、ネットで検索すれば世界中の唐辛子の種類なんかも簡単に出てきますが、今から20年くらい前は、まだ唐辛子の細かい種類や味の違いまでは知られていない時代でした。
　そんななか、僕は雑誌で「全米で一番おいしい唐辛子はニューメキシコ州のチマヨという町で収穫されている」という記事を読みました。
「全米で一番！」
　どうも僕は全米という言葉に弱いところがあります。
「全米史上初」「全米チャートNo.1」「全米が泣いた！」
　全米という枕詞がつくだけで、とにかくすごいんだろうという気がしてしまいます（そうでもないか？）。とにかく唐辛子好きとしては、全米で一番おいしい唐辛子がとれる町に行かないわけにはいきません。
　ということで、今から17年前の1999年、26歳のときに僕は一人でニューメキシコ州のチマヨという町まで唐辛子を買う旅に出ました。日本からチマヨへは、飛行機でサンフランシスコまで約10時間、飛行機を乗り継いでアルバカーキまで約2時間30分、アルバカーキからレンタカーで（宮沢りえの写真集で有名な）サンタフェまで約1時間、さらにサンタフェから車で約1時間。空港での乗り継ぎ時間等を入れると、家を出てからざっと20時間以上。近所のスーパーに唐辛子を買いに行くのに比べたら、ちょっとだけ長い道のりですが、26歳の僕は全米一の唐辛子を買うために、なんの迷いもなくチマヨへと旅立ったのです。
　チマヨに着いてまず向かったのは、唐辛子の屋台。チマヨでは大量の唐辛子の束を軒先にぶら下げた（食用ではなく魔除けだそうです）屋台で、地元産の唐辛子が山盛りになって売られています。ついに対面した全米一の唐辛子を前に興奮する僕に、お店のおばさんが「味見してみなさい」と唐辛子を渡してくれました。いや、気持ちはうれしいですが唐辛子だけ味見しろって言われても、辛いでしょ…と困りつつ、しょうがないんで口に入れてみると、
「甘い！」「おいしい！」
　そうなんです、チマヨの唐辛子は甘いのです！
　もちろん辛みもありますし、果物や砂糖のように甘いわけではありませんが、僕らが抱いている唐辛子のイメージとは全く違う甘みや旨みがあるんです。実際にチマヨでは唐辛子は辛みづけではなく、味つけとして料理に使うんだとか（唐辛子で味つけってなんか素敵ですよね）。〈唐辛子＝辛い〉という僕の概念は見事に打ち砕かれました。
〈唐辛子＝うまい〉んです！
　カレーづくりでも重要な役割を果たす唐辛子。単に辛みづけと考えず、種類によって違う唐辛子の味や風味、甘みまで生かせるようになると、カレーづくりの楽しさもぐっと広がります。

photo=getty images

Chapter. 3

Let's Cook with Spices

意外に簡単、でも味は極上のひと皿。
まずは、基本の数種類を使った
スパイスからはじめる、最高のカレーづくり

Spices! 神秘の香り！スパイスを知る

一度ハマったら抜けられない!?　魅惑のスパイスの世界。それぞれのスパイスの香りや効能の違いを知れば、ますますカレーづくりが楽しくなります。
入門編として大切なのは、いきなりたくさんのスパイスに手を出さないこと。カレーづくりの基本となるクミン・コリアンダー・ターメリック・カイエンペッパーの4種類あたりから使い慣れていき、さらにカルダモン・クローブ・マスタードなどの個性的なスパイスを加えていくと、それぞれのスパイスの違いがよく分かるでしょう。カレー専門店で「ここのカレーは○○が効いてるね」なんて言えるようになったら、もうあなたも立派なスパイスマスター！

カレーの奥深さを教えてくれる
基本の4スパイス

カレーづくりにハマると、がぜんスパイスに興味がわいてきます。まずはスパイスの基本、クミン・コリアンダー・ターメリック・カイエンペッパーをそろえてみましょう。

クミン

セリ科の一年草・クミンの種を乾燥させたもので、代表的なスパイス。鋭い辛みと特有の深い香りが特徴で、カレー粉、ガラムマサラにも配合される。姿がキャラウェイと似ているのでよく間違われる。インドでは消化促進の薬としても使われている。写真は粉末にしたもの。

コリアンダー

セリ科の一年草・コリアンダーの種を乾燥させたスパイス。やや甘みを感じるマイルドな味で、レモン、オレンジといった柑橘系の皮のようなさわやかな香りが特徴。甘い料理にも、辛い料理にも使う。生の葉はパクチー、シャンツァイ（香菜）とも呼ばれる。写真は粉末にしたもの。

ターメリック

ショウガ科の多年生の植物・ウコンの根茎を加熱、乾燥させた後に粉末状にしたもの。カレーの黄色は、ターメリックによるもので、土を思わせる強い香りと苦みがある。日本では秋ウコンと呼ばれ、からしやたくあんの色づけにも使われる。

カイエンペッパー

赤く熟した唐辛子の実を乾燥させた香辛料で、強い辛みがある。名前の由来はフランス領ギアナの首都カイエンヌから来ており、現在は主に、パウダー状にしたものを総称して呼んでいる。「チリパウダー」はミックススパイスで、カイエンペッパーとは別ものなので注意。

小宮山雄飛レシピ公開！
オリジナルガラムマサラをつくる

魔法のミックススパイス。料理の仕上げなどに加えると香りが立って、味の輪郭もぐんと引き立ちます。熟考を重ねた僕のオリジナル配合、ぜひお試しあれ！

【ガラムマサラ】

- クミンシード(a)…大さじ4
- コリアンダーシード(b)…大さじ2
- カルダモンシード(c)…大さじ1
- クローブ(ホール)(d)…大さじ1
- 黒こしょう(ホール)(e)…大さじ1
- ナツメグ(f)…小さじ1
- ローリエ(g)…5枚
- シナモンスティック(h)…10cm1本

【つくり方】

1. 分量のスパイスを用意してフライパンに入れる。

2. かき混ぜながら、香りが立つまで弱火でいる。

3. ミルグラインダーに入れてひく。

完成！

バターチキンカレー

日本人に大人気の定番バターチキンカレーを
トマトジュースでサラサラ仕様に。
コクがあるのにあっさりしている新感覚カレーです

with the Spices!
Butter Chicken Curry

【材料】（4人分）

鶏もも肉…400g
にんにく…1片
しょうが…1片
トマトジュース…400㎖
プレーンヨーグルト…50g
バター…20g
生クリーム…100㎖
香菜(好みで)…適宜
塩…小さじ1程度

〈パウダースパイス〉
クミン…小さじ2
カイエンペッパー…小さじ½
ターメリック…小さじ½
ガラムマサラ…小さじ1

【つくり方】

1. にんにく、しょうがはすりおろす。鶏もも肉はひと口大に切る。

2. ボウルにガラムマサラ以外の〈パウダースパイス〉、プレーンヨーグルトを入れて混ぜ合わせ、1の鶏もも肉を加えて30分以上漬けておく（ひと晩漬けてもよい）。

3. 鍋を熱してバターを入れ、溶けたら1のにんにくとしょうが、トマトジュースを加えて中火で煮る。

4. 2の鶏もも肉と漬け汁を加えたら、蓋をして中火で約10分煮る。

5. ガラムマサラと生クリームを加えてひと煮立ちさせ、塩で好みの加減に調味したらできあがり！ 器に盛り、好みで香菜をのせたらできあがり！

YUHI's ADVICE!

トマトジュースで手軽に

通常は、ブレンダーかミキサーで撹拌したトマトの水煮を入れますが、今回はより手軽につくるために、市販のトマトジュースを使いました。

ポークビンダル

ポルトガルの植民地だったゴア名物のカレー。
ワインビネガーとカイエンペッパーを増やして、
よりソリッドな味にしてみるのも面白いです。

with the Spices!
Pork Vindaloo

【材料】(4人分)

豚ロース肉(ブロック)…700g
玉ねぎ…1個
にんにく、しょうが…各2片
トマトの水煮(缶詰)…200g
白ワインビネガー…大さじ3
はちみつ…大さじ1
サラダ油…大さじ2
塩…小さじ1程度

〈パウダースパイス〉
コリアンダー…小さじ2
クミン…小さじ2
カイエンペッパー…小さじ1
ターメリック…小さじ½
ガラムマサラ…小さじ½
黒こしょう…小さじ½

〈ホールスパイス〉
ローリエ(乾燥)…1枚
クローブ…5個
シナモンスティック…5cm
赤唐辛子…2本

【つくり方】

1. にんにく、しょうがはすりおろす。豚ロース肉は3〜4cm角に切る。

2. ボウルに〈パウダースパイス〉の全てを入れ(カイエンペッパーのみ半量)、さらに白ワインビネガー、はちみつ、1のにんにくとしょうがを加えて混ぜ合わせる。

3. 2に1の豚ロース肉を入れてよくもみ込み、2時間以上漬け込んでおく(ひと晩漬けてもよい)。

4. 玉ねぎは薄切りにする。鍋にサラダ油と〈ホールスパイス〉の全量を入れてから、弱火で加熱する。

5. 4の玉ねぎを加え、中火で黄金色になるまで炒める。

6. トマトの水煮とカイエンペッパーの残りを加えてトマトをつぶしながら混ぜ、中火で煮る。

7. 3の豚ロース肉を漬け込み液ごと加え、弱火にして蓋をし、約1時間煮る。肉が軟らかくなったら、最後に塩で好みの加減に調味し、できあがり！

YUHI's ADVICE!

豚肉にしっかり味つけをする

独特の酸っぱさと辛みがハマる味。これは豚肉にビネガーやスパイスをしっかりとなじませてこそ生まれるおいしさなので、2時間以上は漬け込みましょう。

贅沢
シーフードカレー

魚介類の旨みとスパイスの辛み、
ココナッツミルクの甘みが
奏でる三重奏のおいしさ

with the Spices!
Seafood Curry

【材料】（4人分）

えび（無頭）…10尾
いか…300g
はまぐり（砂抜きしたもの。あさりでもよい）…10個
玉ねぎ…1個
にんにく…1片
しょうが…1片
トマトの水煮（缶詰）…200g
ココナッツミルク…60㎖
水…200㎖
サラダ油…大さじ2
塩…小さじ1程度

〈ホールスパイス〉
クミンシード…小さじ1
赤唐辛子…1本

〈パウダースパイス〉
クミン…小さじ2
コリアンダー…小さじ2
カイエンペッパー…小さじ1
ターメリック…小さじ1

【つくり方】

1. えびは殻をむき、背わたを取る。いかは足を切り離し、わた、軟骨を外して皮をむき、胴を1cm幅に切る（足は使わない）。玉ねぎはみじん切りにし、にんにく、しょうがはすりおろす。

2. 鍋にサラダ油と〈ホールスパイス〉の全量を入れてから、弱火で熱する。

3. 2のクミンシードがはじけてきたら、1の玉ねぎを入れて透き通るまで中火で炒める。にんにく、しょうがを加えて強火で約5分炒め、玉ねぎが色づいてきたら中火にして約10分、黄金色になるまで炒める。

4. トマトの水煮を加えてつぶしながら混ぜたら、〈パウダースパイス〉の全量、塩を加えて中火で軽く煮る。

5. はまぐり、1のいか、えびを加え、中火でさらに煮る。

6. 分量の水にココナッツミルクを混ぜて溶かし、5の鍋に加える。全体に煮えて、はまぐりの口が開いたらできあがり！

YUHI's ADVICE!

えびの背わたを取る

えびの背わたは臭みがあり、口当たりを悪くするので取り除きましょう。写真のように背を少し開いて緑っぽい筋が現れたら逆の方に引っ張り、ていねいに外してください。

激辛！えびカレー

にんにくとえびの組み合わせは鉄板のおいしさ！
多めのにんにくを、みじん切りにして使うことで、
ガツンと存在感をUP！

with the Spices!
Spicy Shrimp Curry

【材料】（4人分）

えび（無頭・大）…10尾
玉ねぎ…½個
トマトの水煮（缶詰）…200g
香菜…適量
糸唐辛子（あれば）…適宜
サラダ油…大さじ2
塩…小さじ1程度

A ┌ にんにく（みじん切り）…4片
  │ しょうが（すりおろす）…小さじ2
  │ 塩、ターメリック…各小さじ¼
  └ 豆板醤…小さじ1

〈パウダースパイス〉
コリアンダー…小さじ2
カイエンペッパー…小さじ1
ターメリック…小さじ1

〈ホールスパイス〉
マスタードシード…小さじ1
赤唐辛子（輪切り）…小さじ2

【つくり方】

1. えびは殻をむいて背わたを外し、水分をよく拭いておく。Aの全量をボウルに入れて混ぜ、えびにまぶして30分以上おく（ひと晩おいてもよい）。玉ねぎをみじん切りにする。

2. フライパンにサラダ油と〈ホールスパイス〉を入れてから、弱火で熱する。
＊ふつふつと泡が出てくるのでサラダ油にスパイスの香りを移すように熱する。

3. マスタードがはじけてきたら1の玉ねぎを加え、中火で5分炒める。

4. 玉ねぎが透き通ってきたらトマトの水煮を加え、つぶしながら混ぜる。蓋をして、中火でさらに煮る。

5. 〈パウダースパイス〉の全量を加えてよく混ぜ、1のえびを、まぶした調味材料ごと加えて弱火で煮る。

6. えびの色が赤くなったら好みの量の香菜を刻んで加え、さっと火を通す。塩で好みの加減に調味したら、できあがり。器に盛り、あれば糸唐辛子をのせて、できあがり！

辛み＝唐辛子ではない！

一般的にカレーの辛みづけというとカイエンペッパーなどの唐辛子を思い浮かべますが、実は人はいろいろな素材から「辛さ」を感じています。こしょうや山椒などはもちろん、おろししょうがもカレーに辛みをつける要素になっています。香りづけのカルダモンも、あのスーッとした軽い刺激臭には辛みがあると思います。いろいろな素材で辛みを出してみると、より複雑な辛さのカレーを楽しめます。

カルダモン薫る
キーマカレー

香り高いカルダモンの種子を贅沢に
加えたキーマカレー。カリッと音がしたら、
口のなかにさわやかな香りが広がります！

with the Spices!
Cardamom Kheema

【材料】（4人分）

玉ねぎ…1個
にんじん…1本
にんにく…1片
しょうが…2片
鶏ひき肉…400g
トマトの水煮（缶詰）…200g
水…200mℓ
サラダ油…大さじ2
塩…小さじ1程度
ターメリックライス（つくり方
　→ P.29）…4皿分

〈パウダースパイス〉
クミン…小さじ2
コリアンダー…小さじ1
カイエンペッパー…小さじ½
ターメリック…小さじ½

〈ホールスパイス〉
カルダモンシード…12粒分

【つくり方】

1. カルダモンシードは皮をむいて種子を取り出す。玉ねぎ、にんじんはみじん切りにし、にんにく、しょうがはすりおろす。

2. フライパンにサラダ油を熱し、1のカルダモンシードを入れて中火で軽く炒める。

3. 1の玉ねぎを加えて透き通るまで中火で炒める。1のにんにく、しょうがを加えて強火で約5分炒め、玉ねぎが色づいてきたら中火にして約10分、黄金色になるまで炒める。

4. トマトの水煮を加えてつぶしながら混ぜ、〈パウダースパイス〉の全量、塩を加えて中火でさらに煮る。

5. 鶏ひき肉と1のにんじん、分量の水を加えて蓋をする。中火のまま約10分煮る。

6. 蓋を取り、強火で好きな濃度に煮詰める。塩少量（分量外）で好みの加減に調味する。

7. ターメリックライスとともに6を器に盛りつけたらできあがり！

カルダモンの香りの力

カルダモンは、実の皮を取り除いた種子を料理に使います。今回のようにホールのまま料理に加えると、よりパンチのある香りを楽しめます。

Column:4

レシピを疑え

　レシピ本のなかにこんなことを書くのもなんですが、カレーをさらにおいしくつくるためのヒントを1つ、それは〈レシピを疑え！〉ということ。

　レシピ本のとおりにつくってもなぜか味がイマイチって場合ありますよね。分量も工程も合っているはずなのに、なぜかうまくいかない。といっても、レシピ本の記載が間違っているわけでもない。では、なぜレシピどおりなのにおいしくならない場合があるのか、それはまず、素材です。

　素材にはそれぞれ、味や大きさ、香りなどの個体差があります。レシピ上ではトマト1個と書いてあっても、実際のトマトには大きいものもあれば小さいものもある。酸味が強いもの、水分が多いものなど、一口にトマトといってもそれぞれ違いがある。肉だって硬いもの軟らかいもの、臭みのあるものないもの、それぞれに違いがあります。

　スパイスも購入してすぐのものとだいぶ時間が経ったものでは、同じ分量でも香りが全然違います。さらには使っている器具の違いもあります。ガス台や鍋が違うだけで、同じ「中火で10分」なんて調理方法でも、火の通り方がかなり違うはずです。

　ちなみに僕も、家ではばっちりおいしく仕上がったレシピを持って行って、いざ撮影用にキッチンスタジオでカレーをつくってみたら、なぜかおいしく仕上がらない…なんて経験はよくあります。レシピはあくまで一つの基準にすぎません。プロの料理人だって基準となるレシピをもとに、季節や仕入れ状況によって変わる素材に合わせて、毎日味を調整しているんです。

　レシピどおり寸分違わず精密に調理することで、おいしい料理ができるとは限りません。素材の味や、時には食べる人の好みや体調も考えて、おいしくなるように〈レシピを料理〉しちゃってください！

　ついでに、レシピに関するヒントをもう1つ。

　この本にも書いてありますが、カレーづくりの基礎といえるのが、玉ねぎ・にんにく・しょうがを炒める作業。しかし、これがさまざまなレシピ本によって、「最初に玉ねぎを飴色になるまで炒める」「にんにくを先に炒めて香ばしさを出す」など炒める順番がまちまちです。一体正式な順序はあるんだろうか？と疑問に思い、友人の東京カリ〜番長の水野君に質問してみたら、意外に簡単な答えが返ってきました。

　その答えとは「大きさ」です。食材はサイズが大きいものの方が、当然火が入るのが遅い。なので、玉ねぎのみじん切りとすりおろしたにんにく・しょうがでは、玉ねぎの方が火が通りづらいので先に炒める。逆にどちらもみじん切りであれば同時に炒めちゃってもいい。なるほど、この考え方はすごくシンプル！　大きさだけ気にしていればよかったんだ。

　といっても、それすら厳格なルールがあるわけではなく、本場インドでも炒める順番はアバウトだったりするとか。

　そんなわけで、皆さんもレシピに縛られすぎずに、自由に料理を楽しんでみてください！

男のドライカレー

どこまで水分を飛ばすかは好みで。
多少しっとりめも味があり、完全に
カリカリまで炒めるとそれもそれで旨い！

with the Spices!
Dry Curry

【材料】（4人分）

合いびき肉…400g
にんじん…1本
なす…1本
セロリ…1本
玉ねぎ…1個
にんにく…1片
しょうが…1片
トマトの水煮（缶詰）…200g
しょうゆ…大さじ1
ソース（中濃）…大さじ1
水…300mℓ
サラダ油…大さじ2
塩…少量

〈パウダースパイス〉
ターメリック…小さじ¼
カイエンペッパー…小さじ1
コリアンダー…小さじ1
クミン…小さじ1
黒こしょう…小さじ1
ガラムマサラ…小さじ1

【つくり方】

1. にんじん、なす、セロリは1cm角に切る。玉ねぎはみじん切りにし、にんにく、しょうがはすりおろす。

2. フライパンにサラダ油を熱し、1の玉ねぎを入れて透き通るまで中火で炒める。1のにんにく、しょうがを加えて強火で約5分炒め、玉ねぎが色づいてきたら中火にして約10分、黄金色になるまで炒める。

3. トマトの水煮を加えてつぶしながら混ぜ、火が通ったら、ガラムマサラ以外の〈パウダースパイス〉の全量を加え、中火で約5分炒める。

4. さらに合いびき肉、しょうゆ、ソースを加えて約5分炒める。

5. 分量の水、1のにんじん、なす、セロリを加えて弱火で約20分煮る。
＊それぞれの具材がなじむように煮詰めていきます。

6. 野菜にしっかり火が通ったらガラムマサラを加えて5分ほど炒める。塩で好みの加減に味を調えたらできあがり！

水分は少しずつ煮詰める

一度水分を足してから煮詰めていくと具材が一体化します。水を入れたらそれぞれの具がなじむように煮詰めていき、好みの具合になったら火を止めましょう。

本格チキンカレー

カレーの師匠、渡辺玲さんに教わった、
僕が初めてスパイスからつくった原点の味。
これぞ王道のインドカレーレシピです

with the Spices!
Authentic Chicken Curry

【材料】（4人分）

鶏もも肉…約600g
玉ねぎ…1個
しょうが…1片
トマト(生)…360g
ししとう…4本
香菜(根がついたもの)…1束
サラダ油…大さじ2～3
塩…小さじ1強
ココナッツファイン(フレーク)…
　大さじ1
カレー・リーフ(乾燥)…10枚(あ
　れば)

〈ホールスパイス〉
フェンネルシード…小さじ1
シナモンスティック…3cm
クローブ…2個
カルダモンシード…4粒
黒こしょう…10粒
ローリエ(乾燥)…1枚
〈パウダースパイス〉
A ┌ ターメリック…小さじ¼
　├ カイエンペッパー…小さじ1
　└ コリアンダー…小さじ2
B ┌ ガラムマサラ…小さじ1
　└ 黒こしょう(粗びき)…小さじ
　　　山盛り1

【つくり方】

1. 鶏もも肉は3cm角に切る。玉ねぎは薄切り、トマトは乱切り、ししとうは小口切りにし、香菜は刻んで根と葉に分ける。しょうがはすりおろす。

2. 底が厚いフライパンにサラダ油を弱火で熱し、〈ホールスパイス〉の全量を加えたら中火にする。油に香りを移すように加熱する。

3. クローブやカルダモンが膨らんできたら、1の玉ねぎとカレー・リーフを加え、強火にする。

4. 玉ねぎがしんなりしてかさが減ってきたら中火にし、軽く色づくまで手早く炒める。火を弱めて絶対に焦がさないよう気をつける。

5. 玉ねぎが黄金色になるまで炒めたら弱火にして1のしょうがを加え、ひと混ぜする。香りが立ってきたら1のトマト、ししとう、香菜の根を加え、中火に戻して1分炒める。

6. 再び弱火にして〈パウダースパイス〉A、塩を1つずつ加えるたびにかき混ぜる。1分ほど炒めたら鶏もも肉を加えて中火で炒める。
＊炒め続けると、グレービー（煮焼きした肉から出てくる汁）が出てきます。

7. グレービーをとろりと煮詰めるような気持ちでさらに炒めていく。
＊このとき焦げつきそうだったら少量の水を加えます。

8. 20分ほどして肉にグレービーがからんできたら、〈パウダースパイス〉B、ココナッツファインを加えてさらに5分、中火で煮る。皿に盛り、1の香菜の葉を散らしたらできあがり！

ホールスパイスの香りを出す

ぜひ覚えておきたいスタータースパイス。最初にホールスパイスを熱して香りを油に移すことで、カレー全体にその香りが行き渡り、カレールウではつくり出せない刺激的なスパイス感を味わえます。

協力=「dancyu」

かぼちゃのカレー

かぼちゃの優しい甘みを
シンプルに味わいたいカレー。
スパイスは控えめに仕上げます

with the Spices!
Pumpkin Curry

【材料】(4人分)

かぼちゃ…1個
トマト(生)…1個
ししとう…5本
水…400㎖
香菜…適量
サラダ油…大さじ2
塩…小さじ1程度

〈ホールスパイス〉
赤唐辛子…1本
シナモンスティック…1本

〈パウダースパイス〉
ターメリック…小さじ½
コリアンダー…小さじ1
クミン…小さじ1
カイエンペッパー…小さじ½

【つくり方】

1. かぼちゃは大きめのひと口大に、トマトは1cm角に、ししとうは5mm角に切る。

2. フライパンにサラダ油と〈ホールスパイス〉の全量を入れてから、弱火で熱する。

3. 1のトマト、ししとうを加えて中火で軽く炒め、〈パウダースパイス〉の全量を加えてさらに1～2分炒める。

4. 1のかぼちゃと分量の水を加えて蓋をし、弱火で約10分煮る。

5. かぼちゃに火が通ったら塩で好みの加減に調味する。皿に盛り、香菜をざく切りにしてのせたらできあがり！

YUHI's ADVICE!

かぼちゃを切りやすく

硬く、包丁の刃が入れづらい生のかぼちゃに困っているなら、丸ごと電子レンジに入れて500Wで約2分温めましょう。へたが取れやすくなり、らくらく包丁の刃が入ります。

小山薫堂さんと二人でフランス北部にある小さな村、フレノワ・ル・グラン（通称 ル・クルーゼ村）へ。日々自宅でカレーづくりに使っている愛用の鍋が、どうやってつくられているかを見学、原料の鉄が1400℃以上の高熱で溶かされる姿は圧巻です。さらに地元のマルシェで食材を購入して、ル・クルーゼ会長と社員の皆さんに純日本風のカレーをごちそう。はたして日本のカレーは美食の王国フランスでも受け入れられるか!?

フランス〜ル・クルーゼへの旅

　カレーがつなぐ縁というのは時にすごいことに発展します。
　BSフジの番組「小山薫堂東京会議」のスペシャル企画で、鍋のメーカー、ル・クルーゼのフランスの本社兼工場に行って、ル・クルーゼの鍋を使って、ル・クルーゼの会長に僕がカレーをつくって振る舞うというお話がきたのです。
　僕のつくるカレーが、ついに国境を越えて海外へ〝雄飛〟するわけです（笑）。
　しかもつくる相手はル・クルーゼの会長！　こんなに光栄なことはありません。なにしろ僕が家でカレーをつくる際にいつも使っているのがル・クルーゼの鍋なんですから。
　つくるカレーのテーマは『日本の家庭で食べるカレーライス』。
　本格的なインドカレーではなく、ル・クルーゼの鍋を使って、あえて日本人が日々食べているオーソドックスなカレーライスを振る舞おうという企画。
　小山薫堂さんと僕はル・クルーゼの本社を訪れて、まずは工場見学。高熱で溶かされた鉄が型に流し込まれ、いくつもの工程を経て鍋として完成していく姿は感動的ですらあり、ますます自分の鍋にも愛着が湧きました。帰国したらいち早く「熱いのによくがんばったね！」などとなでてあげようと思いました（笑）。
　一夜明けてカレーづくりの日。まずは早朝に、食材の買い出しにマルシェへ。僕は、海外はもちろん日本の地方都市に行く際も、朝一で必ず市場を訪れます。地元の食材があふれ人々で賑わう市場は、その土地の活気を一番身近に感じられてワクワクする場所です。

Column:5

　材料を買いそろえ、いよいよカレーづくり。使い慣れたル・クルーゼの鍋とはいえ、いつもとは勝手が違うキッチンでバタバタしましたが、なんとかカレーが完成！
　牛肉・にんじん・じゃがいもなどの具がゴロゴロッと入った、日本人なら誰もが慣れ親しんだ、あのカレーが完成！　いよいよ会長に食べてもらう番、好き嫌い以前に今まで一度もカレーライスを食べたことがないわけですから、一体どう思ってくれるか、緊張の瞬間です。
　一口食べて、会長が一言
「これはおいしい！」
　やった！　思わずガッツポーズです。これまでもいろんな人にカレーを振る舞ってきましたが、やっぱり一口目の感想を聞くときは毎回ドキドキします。
　その後、工場で働く社員の皆さんにも食べてもらい、こちらもとても好評でうれしい限り。フランスではお皿にソースが残っているかどうかで、食べた人がその料理を本当においしいと思ったかどうかが分かるといいますが、皆さん、カレーライスを食べた後に、お皿に残ったソースをさらにパンにつけて、本当にきれいに完食してくれました。よかった！
　ちなみに、会長が完食した後に「この料理、特にこのピクルスがおいしいね！」と福神漬けを気に入ったのには「え、そっちー!?」となりましたが（笑）、それは僕がつくったものではないということは、あえて言わないでおきました。
　とにかくこれで日本の、しかもごく一般的な家庭のカレーが国境を越えて世界でも愛されることが分かりました。すしや天ぷらなど日本の食文化が積極的に海外に輸出されていますが、日本式のカレーライスもまた、もっともっと世界へ広まっていくかもしれません。
　ただしそのときは、福神漬けも忘れずにね！

photo=BSフジ「小山薫堂東京会議」

ミックスベジタブルカレー

彩り鮮やかなこのひと皿は、
食卓を一気に華やかにしてくれるから
ホームパーティーにもおすすめです

with the Spices!
Mixed Vegetable Curry

【材料】（4人分）

キャベツ…½個
にんじん…1本
ピーマン…3個
赤パプリカ…1個
ブラウンマッシュルーム…10個
しょうが…1片
水…50㎖
サラダ油…大さじ2
塩…小さじ1程度

〈ホールスパイス〉
クミンシード…小さじ1

〈パウダースパイス〉
ターメリック…小さじ½
クミン…小さじ½
コリアンダー…小さじ½
カイエンペッパー…小さじ½

【つくり方】

1. キャベツ、にんじん、ピーマン、赤パプリカは1〜1.5cm角に切る。しょうがはすりおろす。

2. フライパンにサラダ油とクミンシードを入れてから弱火で熱する。
＊フライパンを傾けて炒めると、効率よく香りが移ります。

3. 1のしょうがを加えて、中火で炒める。さらに1のにんじんを入れて分量の水を加え、蓋をして中火で3分ほど蒸し煮にする。

4. にんじんに火が通ったら1のキャベツ、ピーマン、赤パプリカ、ブラウンマッシュルーム（丸ごと）を加えて中火でさらに炒める。

5. 4に全て火が通ったら〈パウダースパイス〉の全量を加えて約2分炒める。塩で好みの加減に調味したらできあがり！

豆知識・カレーのシミの落とし方

主に色づけとして用いられるスパイスのターメリック。カレーが飛び散って洋服に色がついてしまうと大変です。とくにつくるときに飛び散ることが多いので要注意。では、実際に服にカレーのシミがついてしまった場合実はすごく簡単な方法で落とせるんです。それは天日に干す！　通常の洗濯をした後に天日に干すだけで、紫外線に弱いターメリックはきれいに落ちます。困ったときにはお試しあれ。

じゃがいもとグリンピースのカレー炒め

もう一品というときに便利な、つけ合わせの感覚で考えたカレーです。副菜らしく薄味に仕上げるのがコツ！

with the Spices!
Curried Fried Potatoes and Green Peas

【材料】（4人分）

じゃがいも…4個
グリンピース(生)…1パック
玉ねぎ…1個
トマトの水煮(缶詰)…200g
サラダ油…大さじ2
塩…小さじ1程度

〈パウダースパイス〉
ターメリック…小さじ½
クミン…小さじ½
コリアンダー…小さじ½
カイエンペッパー…小さじ2
ガラムマサラ…小さじ1

【つくり方】

1. 玉ねぎを薄切りにする。じゃがいもは皮をむいて1個を6等分に切り、グリンピースはさやから出す。

2. 鍋に水(分量外)、じゃがいもを入れて軟らかくなるまでゆで、グリンピースは沸いた湯(分量外)に入れて2〜3分ゆでる。

3. フライパンにサラダ油を熱し、1の玉ねぎを中火で炒める。

4. 玉ねぎが透き通ってきたらトマトの水煮を加えてつぶしながら混ぜ、ガラムマサラ以外の〈パウダースパイス〉の全量を加えて5分ほど弱火で炒める。

5. 2のじゃがいも、グリンピースを加えて蓋をし、中火で約5分煮る。

6. 塩で好みの加減に調味し、最後にガラムマサラを加えてひと煮させたらできあがり！

旬のグリンピース

グリンピースは市販されている水煮の缶詰なら一年中手に入りますが、春先はぜひ生のグリンピースを使いましょう。生ならではのさわやかな香りを楽しめます。

オクラのカレー

夏野菜の代表選手、オクラを
使ったシンプルなカレーつまみ。
枝豆の感覚でビールのお供に

with the Spices!
Okra Curry

【材料】（4人分）

オクラ…40本
玉ねぎ…1個
赤唐辛子…1本
サラダ油…大さじ2
塩…小さじ1程度

〈パウダースパイス〉
クミン…小さじ1
コリアンダー…小さじ1
カイエンペッパー…小さじ¼
ターメリック…小さじ¼

【つくり方】

1. オクラは塩適量（分量外）をまぶして板ずりし、へたとしっぽを取って斜め半分に切る。玉ねぎは薄切りにする。

2. フライパンにサラダ油と赤唐辛子を入れて弱火で熱し、1の玉ねぎを加えて中火で約5分炒める。

3. 玉ねぎが透き通ってきたら、1のオクラを加えて約2分炒める。
＊オクラをよく炒めることでねばりをなくします。

4. 〈パウダースパイス〉の全量と塩を入れてひと混ぜする。蓋をして弱火にし、約10分蒸し煮にしたらできあがり！

オクラの下処理

今回のレシピで使う主材料のオクラには、白くて細かい毛があります。塩をつけてていねいにこすり合わせて毛を取ることで、口あたりがよくなります。

白身魚のカレーフライ

白身魚の衣のにんにく風味と
素揚げのにんにくの、ダブルガーリックが
ガツンとくる一品！

with the Spices!
Curried Fish Fry

【材料】（3～4人分）

白身魚（たら、かれいなど）
　…5切れ
にんにく…5片
ししとう…10本
赤パプリカ…½個
黄パプリカ…½個
サラダ油（揚げ油）…適量
塩…少量

A
- にんにく…2片
- プレーンヨーグルト…1カップ
- 薄力粉…½カップ
- 片栗粉…¼カップ
- 塩…小さじ¼
- こしょう…小さじ1

〈パウダースパイス〉
クミン…小さじ2
コリアンダー…小さじ1
カイエンペッパー…小さじ½
ターメリック…小さじ½

【つくり方】

1. Aのにんにくはすりおろし、白身魚は骨を取り除いてひと口大に切る。

2. ボウルにAの材料、〈パウダースパイス〉を全て入れて混ぜ合わせ、1の白身魚を入れてからめておく。

3. 赤パプリカ、黄パプリカはひと口大に切る。ししとうは揚げたときに破裂しないように、竹串などで穴をあけておく。

4. 鍋にサラダ油を入れて170℃に熱し、にんにく、3のパプリカ、ししとうの順で入れ、素揚げにして取り出す。

5. 2の白身魚を入れ、3分ほど揚げる。

6. 4のにんにく、パプリカ、ししとう、5の白身魚を皿に盛り、塩をふってできあがり！
＊白身魚の淡泊な味がカレー風味に合いますが、鶏肉やれんこんなどでもおいしいので試してみてください。

揚げ油の温度の目安

揚げ物をするときに温度計がない場合、熱した油がゆらゆらと揺れだしてから1～2分後、菜箸を入れます。箸からしっかりした泡が立ったら170℃の目安。衣がきつね色になるようからりと揚げます。

料理が先か、食器が先か!?

　カレーを音楽に置き換えるなら、料理人はミュージシャン、キッチンはスタジオ、調理器具は楽器、そしてできあがったカレーが楽曲という感じでしょう。
　では、食器は何にあたるか？
　お皿は、できあがったカレー（楽曲）を食べる人へと届けるものですから、CDやレコード、今ならMP3、さらにそれらを再生するプレイヤーの役割でしょう（ちょうどDJがレコードのことをお皿って呼ぶし！）。スプーンやフォークは、最後の最後、食べる人の口へとカレーを運ぶものですから、イヤホンやスピーカーと同じでしょう。こうやって置き換えてみると、食器もまたカレーにとってすごく重要な要素であることが分かります。
　オーディオマニアがよく同じアルバムでも「CDよりレコードで聴いた方が音がいい」なん

CoLumn:6

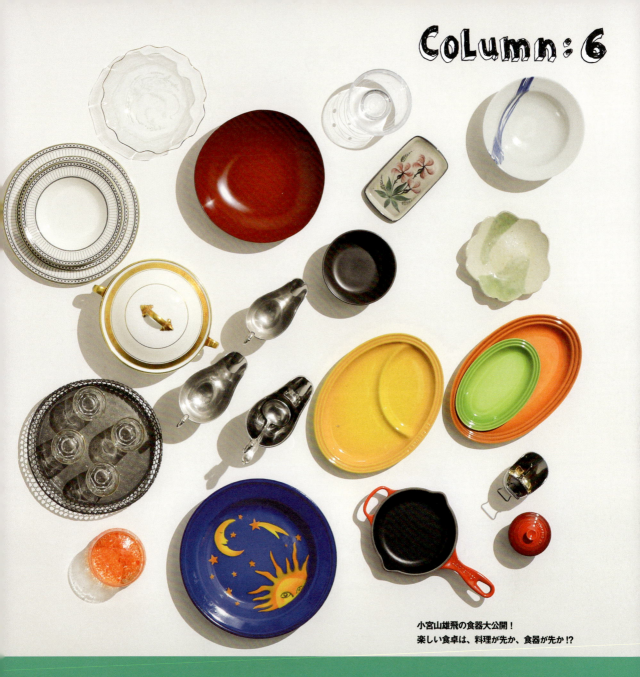

小宮山雄飛の食器大公開！
楽しい食卓は、料理が先か、食器が先か!?

て言いますが、カレーも全くいっしょ。同じカレーでも、盛りつけるお皿によって、味の印象が全然違ってきます。

　僕は新しいもの好きなんで、新しい携帯プレイヤーなんかを手に入れると、うれしくなってついつい、いつもは聴かないような曲までたくさんダウンロードして、朝から晩まで音楽漬けの1日を過ごすなんてことがあります。これはつまり、音楽がきっかけで機材を買うのではなく、機材がきっかけで音楽を聴く、という場合もあるということです。

　カレーを含めた料理も同じことで、便利なフライパンや素敵なお皿を買ったことで、それを使いたくて料理をするってこともあるんです。

　言うなれば〈料理が先か、食器が先か〉

　結果としておいしいカレーができあがるのなら、どちらが先でもいいんじゃないでしょうか！

カレーをもっとおいしくする！
シンプル副菜＆合わせ調味料

クミンの香りが心地よく口のなかではじける！

キャベツの
アチャール

Achar of Cabbage

【材料】（3〜4人分）

キャベツ…4枚
オリーブ油…大さじ2
レモンの搾り汁…大さじ1
クミンシード…小さじ2
塩…小さじ½程度
糸唐辛子…適量

【つくり方】

1. キャベツはひと口大に切る。フライパンにオリーブ油とクミンシードを入れてから弱火で熱する。
2. 1のキャベツ、塩を加えて弱火でしんなりするまで炒める。
3. 器に盛り、レモンの搾り汁をかけ、糸唐辛子をのせる。

ぴりっとした辛みとさわやかな酸味
玉ねぎのアチャール
Achar of Onion

【材料】（3〜4人分）

玉ねぎ…1個
レモンの搾り汁…大さじ1
カイエンペッパー…小さじ½
塩…ひとつまみ

【つくり方】

1. 玉ねぎは繊維に沿って、できるだけ薄く切る。
2. ボウルに材料を全て入れ、よく混ぜ合わせて冷蔵庫で30分以上おく。

塩でもんでさっぱり仕上げる
大根のカチュンバル
Kachumber of Radish

【材料】（3〜4人分）

大根…½本
塩…小さじ¼
黒こしょう…小さじ¼
酢…大さじ2
砂糖…小さじ½
サラダ油…大さじ2
赤唐辛子…2本
クミンシード…小さじ1

【つくり方】

1. 大根は千切りにしてボウルに入れ、塩、黒こしょう、酢、砂糖を加えて混ぜる。
2. フライパンにサラダ油と赤唐辛子、クミンシードを入れ、泡立つまで熱して香りを引き出したら油ごと1に加えて混ぜる。
3. 冷蔵庫で冷やして味をなじませ、器に盛ったら赤唐辛子を上に飾る。

鮮やかな黄色と黄緑が食卓を彩る
じゃがいものサブジ

Sabzi of Potatoes

【材料】（3〜4人分）

じゃがいも…2個
グリーンアスパラガス…2本
にんにく…1片
水…大さじ1
サラダ油…大さじ2
塩…少量
クミンシード…小さじ1
ターメリック…小さじ¼
カイエンペッパー…小さじ¼

【つくり方】

1. じゃがいもは1cm角に切って水に放す。にんにくはみじん切りにする。
2. フライパンにサラダ油とクミンシードを入れてから、弱火で熱する。香りが移ったら1のにんにくを加えて香りが立つまで弱火で炒める。
3. 1のじゃがいもを加えて炒め、ターメリック、カイエンペッパーを加えて混ぜる。
4. 分量の水を入れ、蓋をして約10分蒸し焼きにする。
5. 小鍋に湯を沸かし、1.5cmの長さに切ったグリーンアスパラガスと塩を入れてゆでる。4とさっと混ぜる。
6. 器に5を盛り、塩をふる。

ナンプラーを加えたエスニック風味
もやしとオクラの クミン炒め
Fried Okra Bean Sprouts and Cumin

【材料】(3〜4人分)

- もやし…1袋
- オクラ…5本
- にんにく…1片
- クミン(パウダー)…大さじ½
- カイエンペッパー…小さじ1
- ナンプラー…小さじ2
- 酢…小さじ1
- しょうゆ…小さじ1
- サラダ油…大さじ2

【つくり方】

1. もやしはひげ根を取り、オクラはガクを外して縦半分に切る。にんにくはみじん切りにする。
2. フライパンにサラダ油とクミンを入れてから弱火で熱する。
3. 1のにんにく、もやし、オクラを加えて中火で炒める。
4. ナンプラー、カイエンペッパー、酢を加えてひと混ぜする。
5. しょうゆを回しかけて火を止める。

福神漬けの代わりにカレーのつけ合わせとして！
昆布茶を使った 簡単浅漬け
Mizuna Pickled with Kombucha

【材料】(3〜4人分)

- 水菜…4〜5束
- 酢…大さじ2
- 昆布茶…小さじ1

【つくり方】

1. 水菜は2mmの長さに切る。
2. 水菜を密閉袋などに入れ、酢と昆布茶を加えて、よく混ぜてもんでおく。
3. 30分〜1時間くらいおく。

ミックスライタ

グリーンチャツネ

ハリッサ

さっぱりヨーグルトサラダ
ミックスライタ
Mixed Vegetable Raita

【材料】（3〜4人分）

プレーンヨーグルト…400g
トマト(生)…1個
きゅうり…1本
玉ねぎ…½個
にんにく…1片
カイエンペッパー…小さじ¼
塩…少量

【つくり方】

1. にんにくはすりおろす。トマト、きゅうり、玉ねぎは1cm角に切る。
2. 1をボウルに入れ、ヨーグルト、カイエンペッパーを加えて混ぜる。塩で好みの加減に味を調える。

カレーのちょい足し　ドレッシングにも
グリーンチャツネ
Green Chutney

【材料】（3〜4人分）

香菜…2束
しょうが…1片
ししとう…4本
カイエンペッパー…小さじ½
レモンの搾り汁…大さじ3
塩…ひとつまみ

【つくり方】

1. ししとうはへたを外す。
2. 全ての食材をミキサーで混ぜる。
 ＊ミキサーがない場合は包丁でできるだけ細かく切って混ぜる。

チュニジアの唐辛子万能調味料
ハリッサ
Harissa

【材料】（3〜4人分）

カイエンペッパー…大さじ2
にんにく(すりおろす)…2片
オリーブ油…大さじ2
コリアンダー(パウダー)…小さじ½
クミンシード…小さじ½
パプリカ(パウダー)…小さじ½
キャラウェイ(パウダー)…小さじ½
塩…小さじ½
砂糖…ひとつまみ

【つくり方】

1. ボウルに全ての材料を入れて混ぜる。
 ＊スープやパスタなどに加えると、ピリリとしたさわやかな辛みが加わります。

Akira Watanabe

1960年、東京生まれ。早稲田大学第一文学部卒。インド料理の講習、レトルトカレーの商品開発など幅広く活動。著書に『スパイスの黄金比率で作る はじめての本格カレー』など。

Special Curry Talk
小宮山雄飛×渡辺 玲

「スパイスを駆使して、だしを入れないのが面白さ」（渡辺）

雄飛 僕が渡辺さんと最初にお会いしたのは2008年、料理雑誌「dancyu」の取材でした。

渡辺 小宮山さんにチキンカレーをお教えするという企画でしたね。

雄飛 はい、食べ歩きは旺盛にしていましたし、カレー好きということで呼ばれたんですけど、つくったことはなかった。だから僕にとってはカレーづくりの師匠ですよ！ たしかあのとき、だしの使い方について渡辺さんに質問したら「カレーにだしは入れないんです」というから衝撃的で。やっぱり日本人の感覚で、料理にはだしが必要なもんだと思っていたから。

渡辺 ハハハ、インド料理で一番面白いのは、スパイスが主役で駆使されているからだしがないっていうところ。メインの具が多いじゃないですか。肉のカレーなら肉、野菜カレーなら、野菜がやたら入る。

雄飛 確かにそうですね。だしがあれば、スープのほうが多くなるんだけど、だしがないから具の分量が多くなっていく。

渡辺 だからインドカレーは水を入れすぎちゃうと、薄まっちゃっておいしくない。だしでおいしくする日本の考え方とはまったく違う。

雄飛 だしの加え方についてはこの本のレシピでもすごく悩みました。コンソメだしを入れているレシピもあるんですけれど。

渡辺 ああ、カレー粉には、だしが合いますよね。

雄飛 そうなんですよ。カレー粉の場合だしがないと、日本人の感覚からすると、なんというか出がらしのような味になるんですね。

渡辺 味がしまらないんですね。

雄飛 カレーづくりのおさえどころがありますよね。カレーをつくる際に、渡辺さんから見てアドバイスがあれば教えていただけますか？

渡辺 カレーづくりではやはり水を入れすぎないということと、最後に大切なのは塩加減ですよね。

新緑が揺れる初夏の午後。小宮山雄飛と、彼がカレーの師匠と仰ぐ渡辺玲氏による対談が実現。出版直前の本書校正紙を前にカレーへの熱い思いで盛り上がった2時間

Yuhi Komiyama

「一番難しいのは塩。最後の塩加減が決め手」（雄飛）

雄飛 いや、塩は難しいですよね。途端に味が変わるじゃないですか。おいしくなるけど、入れすぎちゃうと本当に残念ということになる。

渡辺 そうですね。ただ塩が足りないとスパイスの風味が出てこない。僕がアマチュアの方がつくったカレーを食べて感じるのは、もうちょっとだけ塩を入れる勇気があればいいのにっていうことですね。

雄飛 このレシピの表記を考えるときも4人分で小さじ1なのか、1½なのかで悩んだのですが、少なめに書いているんです。多すぎて食べられないと困るんで。塩味が足りない場合は自分で足してくださいというスタンスで。

渡辺 それは、レシピを書く人間だと、そうしますよね。インド料理としてのカレーの場合、4人分で仕上がりの分量が1リットルぐらいだとして、塩は小さじ2。塩の粒子の大きさにもよるけど、小さじ2か小さじ1½だと大抵外さないんです。いろんな条件があるけど、僕がずっとやってきて、出した一つの結論です。

雄飛 それは聞けてよかった。もう1つ、玉ねぎをどのタイミングでどのくらい炒めるかという問題がある。

渡辺 通常インド人は、玉ねぎより先にみじん切りやペーストしたにんにくとしょうがを入れたがりますね。

先に入れて水分を蒸発させちゃうんですよ。それから玉ねぎを入れるというパターンが、割と多い。あと玉ねぎを炒めてから、3分の1ぐらいグッと寄せてフライパンの空いたところに、にんにくとしょうがを入れるというテクニック。

雄飛 そのほうが香りが出るってことですか？

渡辺 はい。要は、いずれも風味を出すという目的。ただ順番は、はっきり言ってどっちでもいいんですよ。

雄飛 要は、最初から玉ねぎをにんにく、しょうがと混ぜなければいいということですよね。

渡辺 そうですね。インド料理系の

東京都・押上の「スパイスカフェ」にて対談。ふたりともオーナー伊藤一城さんのカレーをぺろりと完食

調理術にも、一応セオリーらしきものがあるんですよ。10人中7、8人は同じ方法でまとまるんだけど絶対じゃない。必ず違うやり方の人がいて、それもおいしい。その幅の広さと深みっていうのが、インドカレーの面白さの一つかなと。

雄飛 なるほど。あとカレーレシピの最重要課題は、やはりスパイスをどう捉え、どう使うかですよね。

渡辺 この本は、カレー粉を使っているページもあるんですね。

雄飛 はい、カレー粉で本当に手軽につくりましょう、というページと、スパイスで本格的につくる、というページと、半々です。

渡辺 いいじゃないですか。ちょっとルウに圧されていますけど、カレー粉によるカレーの復権はやるべきだと思う。おおいに応援しますよ。

雄飛 ありがとうございます（笑）。カレー粉はチャーハンやスパゲッティにもさっと使える自由度の高さが面白いところ。一般のイメージより

も、いろんな場面でもっとおいしく利用できる。そもそもカレー粉もミックススパイスの一種ですよね。

渡辺 そうです。そして何をもってカレー粉と言うか、という問いもある。多分、ターメリックと赤唐辛子の粉が入っていて、そこにほかのスパイスが入っているものっていうような意味かなと。

雄飛 そうですよね、逆にターメリックと唐辛子が入ってないのが、ガラムマサラなのかなと。

渡辺 ガラムマサラはそうですね。ただ、どちらも厳密な定義はないんですよね。そこも自由度がある。

雄飛 カレー粉は手軽という話をしましたけど、そもそもカレーレシピはスパイスを使っても簡単というか、そんなに複雑じゃないですよね。

渡辺 本当はそうなんですよね。スパイスを使ったカレーっていうと、何となく難しそうなイメージっていうのを持たれちゃうんですけど。（校正紙を前に）8ページのカレーレシ

ピの骨組み、カレーづくりがシンプルだということがよくわかるし、これはすごく理にかなってますね。

雄飛 それはよかったです。カレー粉とスパイス、どちらを使ってもレシピの大きな流れは一緒ですよ、ということを説明したくて。

渡辺 そしてこの本の後書き（→110ページ）のスパイスの結論が香りだっていうのは、これはすごく秀逸。僕も自分の本で書いていますけど、スパイスの一番の役割は、やっぱり香りなんですよ。ターメリックは、香りと色。カイエンペッパーは、辛さと香り。コリアンダーやクミンは、風味づけっていうけど、実は香りのほうが大きい。結局スパイス料理に関しては、香りが不可欠なんです。今回、小宮山さんがこういう本を出して、またカレー人口がさらに広がって、カレー界がもっと盛り上がるといいですね。

雄飛 ぜひそうなっていければ。ありがとうございました！

「カレー粉の、自由度の高さを知ってもらいたい」(雄飛)

「スパイスの一番の役割は、やっぱり香りなんですよ」(渡辺)

知っておきたい
スパイス・ハーブ

この本に登場したスパイスとハーブをご紹介します。香りの特徴を覚えながら、少しずつそろえて、スパイスの世界を楽しんでください。また「ホール」はスパイス・ハーブの原形、なかでも「シード」は種子のことで、それらを粉砕したものを「パウダー（粉末）」と呼びます

クミンシード

セリ科の一年草・クミンの種を乾燥させたもので、代表的なスパイス。鋭い辛みと特有の深い香りが特徴で、カレー粉、ガラムマサラにも配合される。姿がキャラウェイと似ているのでよく間違われる。インドでは消化促進の薬としても使われている。写真はホール。粉末もある（→P.66）。

コリアンダーシード

セリ科の一年草・コリアンダーの実を乾燥させたスパイス。やや甘みを感じるマイルドな味で、レモン、オレンジといった柑橘系の皮のようなさわやかな香りが特徴。甘い料理にも、辛い料理にも使う。生の葉はパクチー、シャンツァイ（香菜）とも呼ばれる。粉末もある（→P.66）。

ターメリック

ショウガ科の多年生の植物・ウコンの根茎を加熱、乾燥させた後に粉末状にしたもの。カレーの黄色は、ターメリックによるもので、土を思わせる強い香りと苦みがある。日本では秋ウコンと呼ばれ、からしやたくあんの色づけにも使われる。

カイエンペッパー

赤く熟した唐辛子の実を乾燥させた香辛料で、強い辛みがある。名前の由来はフランス領ギアナの首都カイエンヌから来ており、現在は主に、パウダー状にしたものを総称して呼んでいる。「チリパウダー」はミックススパイスで、カイエンペッパーとは別ものなので注意。

黒こしょう（ホール）

こしょうの実を、緑色の未熟な状態で収穫し、数日間発酵させて乾燥させたもの。香りも刺激も強く、世界で最も広く使われているスパイス。主に粉末状にして料理に加える。一般的には、塩とともにあらゆる料理に使われる。

白こしょう（ホール）

成熟したこしょうの実を1、2週間水につけ、軟らかくなったら黒い外皮をむき、クリーム色になるまで乾燥させる。黒こしょうのような強く刺激的な辛みはなく、味と香りはマイルド。粉末状にして使われることが多い。

カルダモンシード

ショウガ科の多年草・カルダモンの、完熟する前の実を乾燥させたもの。上品な甘さとさわやかな香り、ピリッとした辛みが特徴で、スペインの女王と呼ばれている。ホールスパイスとしても、また粉末状でも使う。

シナモン

クスノキ科のシナモンやカシアの木の皮をはがし、乾燥させたもの。ほのかな甘みがあり、木を思わせる独特の香りがある。世界最古のスパイスといわれる。写真は皮を巻いてつくったシナモンスティック。粉末もある。

クローブ（ホール）

フトモモ科の植物・チョウジノキの開花前の花蕾を乾燥させたもの。独特の甘い香り、味には苦み、また辛みもある。料理では肉の臭み消しにも使う。香りが強烈なので、分量に気をつける。粉末もある。

オールスパイス（ホール）

フトモモ科の植物・オールスパイスの果実。未熟な緑色の状態で収穫し、1週間ほど乾燥させたもの。名前のとおり、クローブ、シナモン、ナツメグを混ぜ合わせたような香り、辛みがある。粉末もある。

メース（ホール）

ニクズク科の木の種子のまわりにある赤色の網目状の膜を乾燥させたもの。ナツメグと同じ果実から採取されているので香りは似ているが、メースはより繊細でやわらかい香り。粉末もある。

フェンネルシード

セリ科の多年草・フェンネルの種子。黄色くなり褐色の縦縞模様が現れたら収穫して乾燥させる。アニスに似た、さわやかながらくせのある香りがあり、かむとほんのり甘い味がする。粉末もある。

マスタードシード

アブラナ科の一年草・シロガラシの種子を乾燥させたもの。家庭でもおなじみのスパイス。香りはほとんどなく、口に入れると先にやわらかい甘み、後に穏やかな辛みを感じる。粉末もある。

ローリエ

クスノキ科、ゲッケイジュ属の木の葉。すがすがしい芳香があり、スープの香りづけや、カレー、ポトフーなどの煮込み料理によく使用される。長時間煮込むと苦みが出てしまうので注意が必要。

ジンジャーパウダー

ショウガ科の多年草・ショウガの根茎を乾燥させて粉末にしたもの。料理だけでなく、菓子の材料としてもよく使われる。さわやかで豊かな香りがし、舌にぴりりとした刺激を与える辛みもある。

ガーリックパウダー

ユリ科の多年草・ニンニクの地下茎が肥大した部分（鱗茎）を乾燥させて粉末にしたもの。独特の強い香りがあり、カレーづくりでは玉ねぎ、しょうがとともに炒め、味を支える重要な役割を担う。

ナツメグ

ニクズク科の木の種子の中身。種子のまわりの網目状の赤い皮の部分がメースで、ナツメグはその赤い皮の内側の黒い種子を割った中の部分。甘く刺激のある香りと、まろやかな苦みがある。

バジル

シソ科の多年草。香辛料としては、葉を乾燥させて粉末にしたものを使う。一般的にハーブとして使われているのはスイートバジルという種類。独特のさわやかな香りは、日本人にも人気。

オレガノ

シソ科の多年草（寒冷地では一年草）で、開花時に先端の軟らかい部分を刈り取って乾燥させ、粉末にしたもの。ほろ苦く、清涼感がある強い香りが特徴で、イタリア料理などでよく使われる。

カレーの正体
〜後書きにかえて〜

　みなさんもお分かりのとおり、この本ではいわゆるインド風カレーだけでなく、納豆キーマやカレースパなどの変化球も含め、僕が『カレー』と思うものをご紹介しました。
　なかには「これってカレー？」と思うような料理もあったかもしれません。
　では、そもそもカレーの定義ってなんなのでしょう？
　日本におけるカレーの代表的な種類は、
・インドカレー
・欧風カレー
・タイカレー
・日本風カレー
　の4種類かと思います。
　しかし、実はこの4種類どれをとっても、これが『カレー』だという明確な定義がなかなか見つからないんです。
　インドカレーは、もちろんカレーの起源的な存在であることに違いありませんが、実際にインドにカレーという料理はないというのは有名な話です。
　なので、もしインドに行って本場のシェフに「カレーの定義はなんですか？」なんて質問したところで、そもそもカレーという料理がないのですから、答えようがないでしょう。
　一方、乳製品を加えてじっくり煮込んだシチューのような濃厚さが特徴の欧風カレーは、元々日本で生まれたジャンルで、欧風と言ってますが、実際はヨーロッパのどの国にも、いわゆる欧風カレーはありません。
　なので、もちろんヨーロッパに行って「欧風カレーの定義は？」なんて質問しようにも、「そもそも欧風カレーってなんですか？」と逆に聞かれてしまうでしょう。
　さらにタイカレーに至っては、実はタイでは『ゲーン』という名前のスープを、僕らが（勝手に）タイカレーと呼んでいるだけなんです！
　つまり、僕らが日々カレーと呼んで食べている代表的な3種類のカレーについて
・インドではカレーと呼ばず
・ヨーロッパに欧風カレーはなく
・タイではそもそもカレーじゃなかった

というすごい結果。こうなると、カレーって一体なんなのでしょう!?
そして最後に残ったのが日本風カレー、つまり日本人が家庭で食べてきたいわゆるカレー。これはさすがにカレーという料理として存在しますよね。でも、これまた定義を考えると実に不思議な存在です。
なぜなら、日本人にとってカレーとは料理であると同時に味でもあるんです。例えばすしやラーメン・うどんなんかはあくまで料理の定義であって、味ではありません。
すし味とかラーメン味・うどん味って言わないですよね、でもカレーは味という捉えられ方もしているので、カレー味というのが存在するのです。
料理であると同時に味でもあるので、他の料理とも合体しやすいんです。
例えば『カレーうどん』『カレーラーメン』『カレースパゲッティ』、さすがに『カレーずし』は難しいですが、僕が考案した『カレーいなり』は存在します（笑）。
さらにもっと正確に言えば、僕らがカレー味と思っているのは、具材ではなくスパイスの部分なので、正確には味ではなく香りです。
つまり極論を言えば、僕らが目の前に出てきた料理を、カレーとして認識するかどうかは、実はその料理法でも味でもなく、カレーの香りがするかどうかだけかもしれないんです。

カレーの正体は香りだった！

それはそれで面白い結論ですが、僕はそれすら定義せずに、

カレーに定義はない！

と考えて、つくるのも食べるのも、より自由に楽しんでしまうのが一番よい気がします。
定義がなく、無限に広がるのがカレーの世界！
皆さんにとってこの本が、そんな無限のカレーの世界へと足を踏み入れるきっかけになってくれれば幸いです。
どうぞ、自由に一人一人の『うちカレー』をつくって、カレーライフを楽しんでください！

小宮山雄飛

ブックデザイン
渋澤 弾(弾デザイン事務所)

写真
東川哲也(写真部)

料理協力／フードコーディネート
里見陽子
(キッチンスタジオヨーク代表／フードコーディネーター)

校正
安久都淳子

進行協力
越野貴義、大内幸生(GENIUS AT WORK)

宣伝協力
横濱桂子

撮影協力(一部)
ル・クルーゼ ジャポン株式会社

取材・編集
内山美加子

小宮山雄飛(こみやま・ゆうひ)

1973年、東京・原宿生まれ。ミュージシャン。1996年「ホフディラン」のボーカル＆キーボードとして「スマイル」でデビュー。「ザ・ユウヒーズ」、「BANK$」名義でも活動、近年は子供番組へ楽曲提供を行うなど活躍の幅を広げている。食べ歩きやカレーづくりに飽くなき情熱を注いでおり、"音楽界のグルメ番長"の異名をもつ。「東京カレンダー」「UOMO」などの雑誌に食のコラムを連載中、またNHK Eテレ「やさいの時間」にカレーの講師として出演中。

カレー粉・スパイスではじめる
旨い! 家カレー

2016年6月30日　第1刷発行
2018年5月30日　第7刷発行

著者　小宮山雄飛
発行者　須田　剛
発行所　朝日新聞出版
　　　　〒104-8011　東京都中央区築地5-3-2
　　　　電話　03-5541-8832(編集)
　　　　　　　03-5540-7793(販売)

印刷製本　大日本印刷株式会社

©2016 Yuhi Komiyama
Published in Japan by Asahi Shimbun Publications Inc.
ISBN 978-4-02-251386-1
定価はカバーに表示してあります。

落丁・乱丁の場合は弊社業務部(電話03-5540-7800)へご連絡ください。
送料弊社負担にてお取り替えいたします。